100年続く老舗に学ぶ

生き延びる企業の組織存続力

岡部 博
平松 陽一

産業能率大学出版部

はじめに

　東日本大震災後のある日、千葉県房総の海を見ながら著者である2人（岡部・平松）は、三陸の企業を復興させるにはどうしたらよいかを話していた。そして、これまで長年にわたり、実践を積み重ねてきた「スリーバランスセオリー（三脚の原理）」はシンプルであり、適用できるのではないかと話し合った。スリーバランスセオリーは、東日本大震災以前にも、多くの企業で実践し、成果を出してきたからだ。

　実際、東北の企業でそれを適用してみると、予想以上に上手くいき、幾つかの組織が蘇った。

　スリーバランスセオリーは、最初に理論・原理があり、それに合わせて実践をし、修正をしてきた。組織の形態を論じるのではなく、あくまでも運用活性化を主眼としてきた。

　それは、どんな組織形態にも活用されて意味がある、という考え方が根底にあったからである。組織は変えたが、思うように動かないということは、一度は誰もが体験したのではないだろうか。このような人のために手助けとなるのが本書である。

　また、長年にわたり研究をしてきた老舗の存続力は、スリーバランスセオリーに合致することに驚かされている。

　バランスセオリーは、組織の活性化・再構築を行う時に仮説が立てやすい。一般的に組織に手を加えようとすると、新しい組織図を描くことやメンバーを入れ替えるといったことに主眼がいってしまう。大切なことは、組織を描き、人を当てはめ、その後でどう動かすか、というところにある。また、この組織を動かそうとする時には、その手順を明確にしておかなければならない。それは、組織のメンバーに対して新しい組織像を明らかにしなければならないからだ。

　よい組織とはどのような組織なのか、といった判断をする時に、急速に業績を伸ばしている企業を対象とする傾向がある。しかし、著者達は

少なくても100年以上続いている老舗の組織の中に、その本質があるものと考えている。そこで、これまでにお付き合いさせていただいてきた老舗の中から7社をストーリー形式で紹介させていただいた。組織を動かすテクニックだけではなく、その次の手の打ち方を探る参考になるはずである。

組織の中で増えているのが、心身のバランスを崩す人が増えていることだ。心身のバランスを崩す人は、特定の組織に集中する傾向がある。そこで、その組織を調べてみると、多くの組織でスリーバランスが崩れていることが多い。

スリーバランスが崩れると、それを支えるために特定の人に負荷がかかる傾向があるようだ。スリーバランスを保つことにより健全な組織となり、健全な人たちが進んで組織内での活動ができるのである。

本書は、中堅企業の組織を対象に著した。それは、大企業、中小企業にとって共に参考になるのは、中堅企業だということからである。

したがって、大企業では本書を事業部単位に読み替えていただくとよいと思う。中小企業では、将来の組織のあり方について考えることにより、現在の組織の足りない部分が分かってくる。

表現の都合上、組織を「企業」「会社」と適宜変えているが、共に同じものと考えていただいてよい。また、トップという言葉は業務単位（部・課・係など）の責任者を総称して用いている。必要に応じて、社長・経営者という言葉にも置き換えている。

本書を読み進める上で考えていただきたいことは、組織を動かすための仮説についてである。

自分の周りの組織を動かすには何をすべきか。その打つ手順は何かということを考えていただきたい。そうすることにより、スリーバランスセオリーの活用度は確実に高まると確信している。

　活き活きした組織で活躍される皆さんの姿を思い浮かべながら。

注：この書籍は２人の著者の共著のものである。
　具体的な執筆区分は、岡部博が、この書籍の主要なテーマである①今日起こっている「環境の質的変化」と②組織を強化するための「三脚の原理」の内容説明とその活用の仕方を執筆した。（第２章 「組織を存続させる対応力とは」「組織を存続させる３つの行動」１〜３項）
　平松陽一は、豊富な企業コンサルタントとしての経験と老舗の優れた経営実例から、２つの主要テーマの活用を他の全ページで執筆している。
　したがって、読者のみなさんには２人の執筆ページを照らし合わせながら目を通していただくことを期待している。

2015年5月　2人の著者

岡部　博

平松　陽一

目　　次

はじめに･･ i

序章　　　　　　　　　　　　　　　　　　　　　　　　　　　1
　症例1．優れた人がいれば症････････････････････････････････ 3
　症例2．ないものねだり症･･････････････････････････････････ 5
　症例3．システム偏重症････････････････････････････････････ 8
　症例4．外部依存症･･････････････････････････････････････ 10
　症例5．うちの会社は特殊だ症･･････････････････････････････ 12

第1章　組織を存続させる3つの基本原則　　　　　　15
　基本原則1．組織は不安定な状態で成り立っている･･････････････ 16
　基本原則2．組織のマイナス面に目を配る････････････････････ 20
　基本原則3．割り切り、切り捨てをする　･･････････････････････ 24

第2章　組織を存続させる手の打ち方　　　　　　　27
〈組織を存続させる対応力とは〉･････････････････････････････ 28
　1．「量的変化」より「質的変化」に目を向ける･････････････････ 28
　2．今、起こっている「質的変化」と3つのキーワード････････････ 30
〈組織を存続させる3つの行動〉･･･････････････････････････ 33
　1．組織の「形」を構造的に深く把握する･･････････････････････ 33
　2．組織の「形」を構造面から「質的変化」に
　　　対応できるように変革していく････････････････････････ 38
　3．変革した組織を社会の「質的変化」に対応して動かす･･････････ 44
　4．1つに固執しないで動かす････････････････････････････ 47
　5．「やる気」だけに頼らない組織をつくる････････････････････ 53
　6．3つの方向づけと何もしない3つの動き方･･････････････････ 59

第3章　常に先を読み組織活動に活かす　　　63

「老舗に学ぶ」
　東日本大震災復興が教えてくれた現実〈陸前高田　八木澤商店〉・・・・・・・・ 64
　1．経済社会の動きと老舗企業・・・・・・・・・・・・・・・・・・・・・・・・・・・・・・・・・・・・・・ 68
　2．経済指標では読めないものも読み取る・・・・・・・・・・・・・・・・・・・・・・・・・・ 70
　3．現場にはひとつ先を読むきっかけがある・・・・・・・・・・・・・・・・・・・・・・・・ 73
　4．組織構造にズレが発生する・・・・・・・・・・・・・・・・・・・・・・・・・・・・・・・・・・・・ 76
　5．商品力は計数で把握できる・・・・・・・・・・・・・・・・・・・・・・・・・・・・・・・・・・・・ 79
　6．ライバルを見て動きを決める・・・・・・・・・・・・・・・・・・・・・・・・・・・・・・・・・・ 81

第4章　組織を崩さない仕事の工夫　　　83

「老舗に学ぶ」
　仕事を通して銀座と共に生きる〈東京銀座　小寺商店〉・・・・・・・・・・・・・・ 84
　1．仕事は経営計画書に凝縮される・・・・・・・・・・・・・・・・・・・・・・・・・・・・・・・・ 88
　2．目標管理は間違えやすいので要注意・・・・・・・・・・・・・・・・・・・・・・・・・・・・ 90
　3．評価は目標設定時に始まっている・・・・・・・・・・・・・・・・・・・・・・・・・・・・・・ 92
　4．目標値だけでなく何をするかに注目する・・・・・・・・・・・・・・・・・・・・・・・・ 94
　5．やらなくてもよい仕事をやめて効果の高い仕事に集中する・・・・・・・・ 96
　6．仕事は失敗することを含めてやらせる・・・・・・・・・・・・・・・・・・・・・・・・・・ 98
　7．成功例の情報でもあてにならないものがある・・・・・・・・・・・・・・・・・・・ 101

第5章　組織を支える人材の育成・活用　　　103

「老舗に学ぶ」
　教わるよりも教える方が育つ〈京都田中直染料店〉・・・・・・・・・・・・・・・・・ 104
　1．あの人は仕事ができる！の2つの意味・・・・・・・・・・・・・・・・・・・・・・・・・ 107
　2．人が育つ場面づくり・・・ 111
　3．スキルズマップで戦力を把握する・・・・・・・・・・・・・・・・・・・・・・・・・・・・・ 113
　4．「やる気を育てる」教育を諦めない・・・・・・・・・・・・・・・・・・・・・・・・・・・・ 116
　5．人を育てる人事評価と潰す人事評価・・・・・・・・・・・・・・・・・・・・・・・・・・・ 119
　6．内部よりも外部で認められる人材になる・・・・・・・・・・・・・・・・・・・・・・・ 122

第6章　組織の動きを促進するしくみを作る　125

「老舗に学ぶ」
　「しくみ」による撤退の美学〈下備後屋近藤家〉・・・・・・・・・・・・・・・126
　1．しくみは「論理」か「勘」か・・・・・・・・・・・・・・・・・・・・・・・・・・・・・130
　2．しくみは仕事単位に決める・・・・・・・・・・・・・・・・・・・・・・・・・・・・・133
　3．守備範囲はしくみで決められるか・・・・・・・・・・・・・・・・・・・・・136
　4．会議・ミーティングをどこまであてにするか・・・・・・・・・・138
　5．しくみを引き戻す力を逆活用する・・・・・・・・・・・・・・・・・・・・・141
　6．「当たり前のこと」に少し工夫を加える・・・・・・・・・・・・・・・143

第7章　風土（集団規範）だけに頼らず活かす　145

「老舗に学ぶ」
　風土が組織活動を促進する〈埼玉伊田テクノス株式会社〉・・・・・・146
　1．トップのパワーよりも風土は強い・・・・・・・・・・・・・・・・・・・・・149
　2．仕事の立ち上がりに注目する・・・・・・・・・・・・・・・・・・・・・・・・・151
　3．風土への働きかけ方・・・・・・・・・・・・・・・・・・・・・・・・・・・・・・・・・154
　4．風土の浄化力にどこまで頼るか・・・・・・・・・・・・・・・・・・・・・・156
　5．「真面目な」風土は一度しか助けてくれない・・・・・・・・・・・158
　6．真の風土作りをメンバーに意識させる・・・・・・・・・・・・・・・・160

第8章　壊れない組織から動く組織に成長させる　163

「老舗に学ぶ」
　再生する組織を創る〈山形県米沢東匠猪俣〉・・・・・・・・・・・・・・・164
　1．組織論の一長一短をわきまえる・・・・・・・・・・・・・・・・・・・・・・168
　2．集権と分権をくり返せる組織は強い・・・・・・・・・・・・・・・・・・170
　3．組織を真剣に考えている人材によく聴く・・・・・・・・・・・・・・172
　4．ルールを作りっぱなしにしていないか・・・・・・・・・・・・・・・・174

第9章　諦めない組織が壊れても更生する組織　177

「老舗に学ぶ」
　過去を愁いず生き残る〈沖縄本家　新垣菓子店〉・・・・・・・・・・・178
　1．前向きな姿勢が安心感を与える・・・・・・・・・・・・・・・・・・・・・・183
　2．成熟・衰退市場で存続する・・・・・・・・・・・・・・・・・・・・・・・・・・・186
　3．おおらかさが組織を支える・・・・・・・・・・・・・・・・・・・・・・・・・・・189
　4．比較だけからは生まれない組織の存続力・・・・・・・・・・・・・・192

おわりに・・・196

序章

症例1．優れた人がいれば症

症例2．ないものねだり症

症例3．システム偏重症

症例4．外部依存症

症例5．うちの会社は特殊だ症

○壊れる組織の現実は

　組織が壊れる時は、成長していく時よりもスピードが速い。多くのトップは、ここまで長い期間をかけて成長してきたのだから、そう簡単に組織は壊れないと思っている。ところが実際には、企業が成長する時よりも、壊れていく時の方がはるかに速い。それは、組織の拡大と共に経営がトップの思う通りに動かなくなり、これが徐々に進み、その後一挙に潰れてしまうからである。損益が赤字であっても、資金がなくなるまで会社は続くという事実がある。

　組織活動の結果は、財務諸表で表される。財務諸表は、損益計算書と貸借対照表に分かれる。この内、組織活動は、損益計算書で儲かった・損をしたというところから始まる。ところが、組織のバランスが悪くなってくると、損益の悪化だけでなく、貸借対照表の資金構造のバランスが崩れてくる。そして資金が行き詰まってしまう。資金の行き詰まりは、儲かる・儲からないという尺度に比べると、はるかにスピードが速い。気がつくと組織のバランスが崩れ、壊れかけているのである。

　組織が動かなくなってくると、トップが動かそうとしても、思い通りにならない。これまで著者が接してきた組織を動かしているトップは、その多くが組織はトップの思い通りに動かないということを知っている。業績が落ちてくると、何とかしなくてはと組織を動かすために様々な手を打つが、それが思惑通りに機能しないのである。そのような組織の中で起こっている症状（出来事・発言）には、次の５つがある。

症例１．優れた人がいれば症
症例２．ないものねだり症
症例３．システム偏重症
症例４．外部依存症
症例５．うちの会社は特殊だ症

症例１．優れた人がいれば症

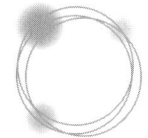

「人さえ」の誤解

　こんな人がいればなんとかなる、あの人に託そう。
　組織が伸びきれない大きな原因に、「人さえいれば」というものがある。組織が自分の思い通りに動かないということを認めたくないのか、人材不足を叫び続けるトップが多い。その中で一番指摘しやすいのが、部下にかかわるものである。部下が頑張ればよいのだから、できなければ文句を言っていればよいというのだ。
　これは、野球の試合が終わった後で、あの選手に１本が出ていたら変わっていたのに、という言葉と共通するものがある。
　どんな企業にも１人くらいは頑張っている人材がいるものだ。その反面、ずば抜けた人材が見つからないのも現実である。
　山陰地方の中堅商社で、新任の総括責任者と組織について話している時に、「攻めの組織にします」という人がいた。そこで、どうするのかと質問したところ、トップセールスを各拠点の責任者にするというのだ。
　結果は、一時的には業績が向上したが、やがて低迷したのである。その後、組織が硬直化し、長年にわたり業績が低迷することとなってしまった。
　山陰地方は、かつて独立商圏であったために、営業活動は人間関係が重視されていた。しかし、時代は変わり、価格や物流に関する適応力が求められるようになってきたのである。
　しかし、拠点長にしたトップセールスは、人間関係に頼ってきた営業マンであった。この組織のトップが、時代の変化に気がつかなかったのだ。

○駒不足を嘆いてみても……

　そもそもトップセールス＝拠点長であるという図式は、本当に正しいのだろうか？　人を替える前提として考えなければならなかったのは、仕事そのものの見直しがまず必要となるだろう。そのことをしないで、人だけを替えれば何とかなるという判断はいかがなものであろうか。

　確かにある程度の年月をかけて、会社の内部を知り尽くしているのであれば、「あの人を拠点長にしたら何とかやってくれる」と思うのは、誰でも考えるところである。しかし、組織は人だけを替えただけでは、どうにもならないのが現実である。また、人に固執するならば、結果としてその人も潰すことになりかねないのである。

　それにも関わらず、この組織のトップが最後に言ったのは、組織変更が思うようにいかなかったのは、「人が揃っていない」という言葉であった。

　組織はよく将棋の盤上に例えられる。今ここで飛車があれば、この対戦は勝てると思って自分の持ち駒を見ても、それが無い。そして負けてしまうと、あの時飛車があればと思いたくなるのが人の常かもしれない。

　逆に、歩から金になった駒が活躍するということもある。

　ここで面白いのは、歩は裏返って金になることはあっても、飛車にはならないということだ。

　それでは、歩を全部金にしてみたらということになるが、その発想では試合に勝てない。歩には、歩の役割があり、それが大切なのだ。

　組織運営で大切なのは、駒不足を嘆くことよりも、それを素直に認めることがあれば、歩を裏返して見る発想を組織に対しても出るのではないだろうか。

症例２．ないものねだり症

何かよい儲かりそうな仕事があれば

　筆者がよく質問を受けるものに、「何かよい仕事はありませんか」「今は何が儲かっているのですか」というものがある。確かに、時代の変化と共に花形産業は移り変わっていくことを感じる。

　1950年代〜1970年代の林業企業は、我が世の春を謳歌していた。どこの地域に行っても経営者は名士という感じであり、肩で風を切って歩いていた。しかし、そんなよい時期は続かず、日本中の山という山を切ってしまったことから、国内材が高騰し、安価な外材を求めて海外に木材の調達先を求めるようになったのである。そして、それと同時に林業は一気に衰退産業になっていったのである。

●朝４時の閃き

　そんな時、こんな出来事があった。

　朝４時に林業企業のトップから電話を受けたのである。何とその内容は製材工場が火事で焼けてしまったということだった。その電話を受けて、「このままでは林業を辞めさせるなら今しかない」と閃き、その企業に駆けつけた。

　行ってみると、このトップを地元の名士が取り囲んでいる。そして、「何とかやり直していこう」と元気づけをしていたのである。これでは取り付く島もない。そこで、その日は諦めて帰ることにして、あらためて別の手を打った。それは、このトップを冷静に見ていた人達何人かにお願いして、林業を辞めるための手紙を書いてもらったのだ。これが功を奏し、さすがのトップも林業を辞めることを決断したのである。

　この事業を辞めるに至った判断の決め手は、これから先を考えると、システム化によるコストダウンとスピードアップが求められるのである

が、それをせずに儲かることだけを求めていたのでは、企業の将来はないと考えられたのである。

○今の業績で生き残る

「老舗」といわれるところは、どの企業も旬の業種はない。それでも彼らは生きているのである。

老舗は、当初は誰がやっても儲けられる時に創業した旬の業種であった。しかし、その初期の恩恵は短く、やがて淘汰されてきたのが現実である。これはつまり、もし現在の仕事をしているならば、その仕事自体を創意工夫して、マネジメントレベルを上げることにより、生き残り、成長することができないかを考える必要が不可欠ということである。それをしてきた組織は、老舗として生き残っている。当時の林業企業には、それが出来るところが少なかったのである。

あれから多くの時間が過ぎた。いくつかの林業企業は生き残っていた。日本人は素晴らしいものだと思う。それは、かつて禿げ山になってしまったところに苗木を植え続けてきたということである。あの高度成長期から時間が過ぎ、その木は伐採する時期を迎えている。しかし、も

図表1　ビジネスのライフサイクルと組織の動かし方

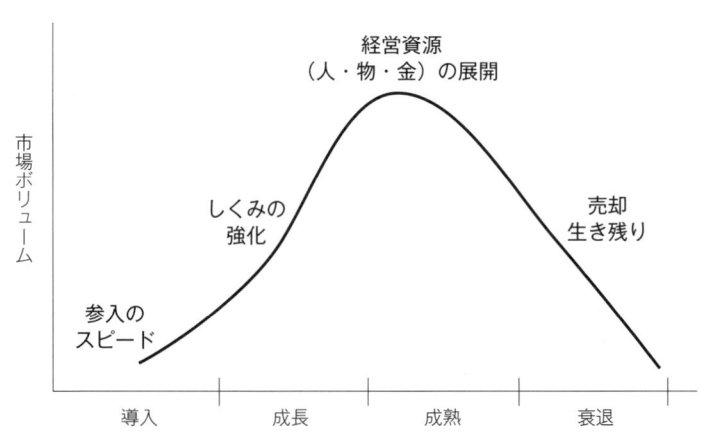

うそこにはかつてのような人達の出番はなくなっている。IT技術を駆使した科学的な方法で、効率のよい伐採・加工が行われている。それは、かつての林業企業では想定できなかったことである。

　どんな事業でも、時代の変化に注目することなしに、創意工夫をしないで儲かる仕事などというものは存在しないと考えた方がよい。逆に、時代の変化をつかんでいれば衰退産業の中にあっても、創意工夫により儲かる仕事というものは沢山ある。

　老舗は、仕事・商品を絞っている。さらに、そこから飛び出そうとしていて、一見、そうしないように見える。ところが、いつでも今の仕事・商品から飛び出そうとする意欲を持っているのだ。意外と思うかもしれないが、銀座の寿司屋でニューヨークに出掛けて、寿司を勉強にいくということがある。ニューヨークには、全世界からグルメが集まっているため、新しいネタが生まれやすいからだという。ニューヨークを回り、その中から全てではなく、ある部分だけを取り入れようとしているのだ。

　ところが、勉強していない寿司屋は昔のネタにしがみつき、創意工夫をしないためにやがて諦められてしまうこととなる。

　老舗といえども、常に新しいものを取り入れていかなければならないのであり、それは「〇〇さえあれば」の発想からは生まれ得ないのである。

症例3．システム偏重症

管理システムだけは超一流なのだが……

●よくも次から次へと

　動きの鈍い組織を見ていると、多くの新しいシステムを導入するのだが、そのどれもが定着しないのには驚かされる。コンサルタントがセミナーで語る時、新しいシステムで成功したと言うことはいうが失敗事例には触れようとしない。それでも次から次へとシステムを導入している。

　外から持ってきたシステムに対して、現場を知っている社員は、「あんなシステムを入れても上手くいかない」と内心思っている。新しいシステムには、それを動かすための人材が必要となる。そこで、優秀な人材を投入しても、多くの場合、組織の混乱をきたしてしまうことが起きるのだ。

　新システムは、システム開発会社がどこかの企業のために開発したものである。それを一般化して、広く普及さえようとするものであるから、業種とシステムが馴染まないことが多い。

　しかし、システム過多症の企業トップは、どこの会社でも使いこなしているはずのシステムがなぜ使えないのかということに不満を持ってしまう。

●組織のどこがそうさせているのか

　システムが定着しない。それはシステムが悪いのではなく、システムを使う組織のどこかに問題があることに気づいていないためである。馴染まないシステムを馴染むように問題解決をしなければならないのだ。

　企業運営のシステムは、人の血管・神経とよく似ている。血管・神経は自分の体と合ったものでなくてはならない。ましてや、移植するのであれば手術に成功したとしても、体に馴染んでくるまでには相当な時間

を要することを覚悟しなければならない。この間は問題解決の工夫が不可欠である。それに耐えるだけの気構えが必要なのだ。

　システム偏重症になると、新しいシステムを自社に合わせる時に、もう少し時間をかければよいのに、そうしないで思惑と違うと組織の適応力がないという単純な結論を出してしまうことが多い。そして、システムが機能しなかった責任の所在が曖昧になってしまうのである。その結果、システム偏重症は、社員が自信を失い疲れてしまう後遺症を残してしまう。

　また、どのようなシステムもメリットとデメリットがある。清濁併せ呑むと言うが、この両方をわきまえていないと逆効果だけが出てくることになりかねないのである。

　人さえいれば、仕事さえあればと考えるのに比べると、システムの導入というのは、最も難易度の低いものであると言える。

　システムは金銭的余裕があれば幾らでも買えるし、導入することもできる。

　本来は、そのシステムに関係する人達が使いこなせるかを考えなくてはならないのであるが、資金があれば導入は出来るのである。

　システム過多症の特長は、導入はするが、思った通りに機能しないために、いつ諦めたでもなく使わなくなってしまうことだ。これを繰り返すことにより、組織のメリハリがなくなってしまうのである。

　そして、システム過多症が無関心症へと転化してしまうと、組織は更に脆くなってしまうのである。

症例４．外部依存症

社内の意見は聞きたくない

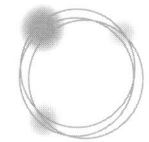

　組織の大小を問わず、トップは内部の人の意見を聞かない人が多い。その反面、外部の人の意見は聞き、従う傾向がある。

　これは人間の本質的な部分である。トップになると、麻疹（はしか）のように、会議の場面で雑誌で読んだものや講演会で聞いたことなどを引用し、人を説得しようとすることがある。最初のうちは、相手はそれもあるかなと思いながらも、それが度重なってくると「いい加減にしろ」と思ってしまう。矮人の観場（わいじんのかんじょう）という言葉がある。これは、背の高い人の後ろにいる背の低い人が、劇が見えないので、背の高い人に見てもらい、それを聞いてそれで理解するという状況である。これは組織についても言えることだ。組織のトップはもっと社内の人材を信じられないのかと思う。

○話していて気分がよいので……

　よくトップが、「先生（著者）が話していることは、普段私が話していることなのに、社員は私の意見より外部（先生）の人の話を信用するのです」と言ったことを話してくる。

　学生時代を思い出してもらいたい。親から言われたことには反発するのに、学校の先生・友人から言われたことには従うということがある。社会に出ても、学校時代の友人に相談してそれに従ったり、極めつけは何気なく電車の中でふっと聞いた言葉に従ってしまうということもあるのだ。

　ここで考えなくてはならないのは、普段、言葉を多く交わすのは誰かということだ。それは、家庭なら家族、会社ならば同僚・先輩であり、その人達と共に生きていかなければならない人達である。だから、その

人達との信頼関係を高めなくてはならない。トップと部下は互いに考えを理解・納得してもらわなくてはならない。

外部の人の意見を聞くことも必要だ。客観的に見ており、当を得ていることが多いのは事実だからだ。ただ、現場の改善は組織の内部の一人一人が行うものであり、外部の人は支援はしても、代わって行うということは少ない。

組織活動は、社会システムの中で動いている。社会システムの特徴は、これをすれば必ず成功するという因果関係が弱いということだ。まして企業組織は、極めて複雑な因果関係の中にある。これを抽象的な組織一般論で対処しようということは、最初から諦めた方がよい。

外部の人の意見を聞くということが悪いのではなく、内部の人の意見を無視してしまう、聞かなくなってしまうことが問題なのである。

とくに、トップと言われる人達が外部から指摘されたことを、そのまま現場に流してしまうことは、多くのリスクを伴う。

外部の人は、岡目八目であるから、当事者よりも物事を広く見ており、たまにそれが当たることもある。

ただ、そのような指摘を受けても、実践するのは内部の人であるということを忘れてはならない。

馬を池まで連れてくることは出来るが、水を飲むか、飲まないかは馬自身の気持ちによる。

このことを分からずに、水を飲むべきだといってみても、組織は動かないのである。

症例5．うちの会社は特殊だ症

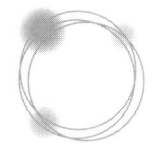

上手くいかないのは特殊性か？

　コンサルタントとして企業を訪問した時によく言われるのが、「うちの会社は特殊だ」「うちの業界は特殊だ」というものだ。最初は、この言葉を聞いて世の中には特殊な会社が多いものだと思っていた。

　しかし、行く先々でこの言葉を聞いているうちに、やがて分かってきたことは、世の中は特殊な会社が多いのではなく、自分の会社だけが特殊だと思っている人が多いということだ。

　実は、初対面で、「うちの会社はどこにでもある会社です」「うちの会社は特別なことはしていません」と言うところは、自分の会社に自信を持っている組織であることが多い。組織を見る時に、ある程度決まったことを淡々としている方が、組織的に安定していることが多い。逆にいうならば、「うちの会社・業界は特殊だ」という会社に限って自信がないところが多いのである。

　確かなことは、創業10年の会社よりも100年続いている会社の方が特殊なことをしているはずなのに、老舗の経営者達は「うちの会社（業界）は特殊だ」とは言わず「どこにでもある会社のように仕事をしている」と言い、逆に、若い会社の方が「うちは特殊だ」と言うというのだ。つまり長続きしそうもない会社の方が、自分の会社を特殊だと思い、長続きしている会社の方が、自分の会社は特殊でないと思っているのである。

●向き合っていない

　ある医者と話している時に、長生きする患者は、病気と淡々と向き合っている人だと言っていた。一病息災とはこのことを言う。一発逆転で病気を治そうとしている人は、手術や薬の飲み過ぎからかえって健康を害

するということらしい。

　長寿企業は、何も努力していないのではないかと一見思われる。しかし、そんなことは決してない。何代にもわたって生き残ってくるには、目立たないところで努力をしている。ただそれを当り前のこととして口に出して言わないだけのことである。

　逆に努力をしていない企業に限って「うちの会社は特殊だ」というようなことを言う。それは「何をしたってムダだ」ということを暗に人に伝えようとしている時に、この言葉を使っているのだ。

> 　老舗の人達と話している時に、
> 「うちの舗は特殊だ」という店は、やがて傾いていく老舗であるということを感じる。
> 　老舗は、他店に比べて、ほんの少し変わったことをしているから、生き残っているだけであり、特別のことは殆どしていない。
> 　あえて言うのならば、生まれては消えていく組織は、このほんの少し変わったこともできないのに、他とは変わったことをしようとしているのであるから、無駄な努力をしていることになるのである。
> 　それが、「うちの会社は特殊な会社だから」と言い訳をするものになってしまうのである。

　実際、世の中には特殊な会社など存在しない。あるとしたら、それは一人一人の心の中にあるだけであり、そう思うことが打つ手を狭めてしまうことになりかねないのである。

第1章
組織を存続させる3つの基本原則

基本原則1．組織は不安定な状態で成り
　　　　　　立っている
基本原則2．組織のマイナス面に目を配る
基本原則3．割り切り、切り捨てをする

組織のトップと話していて感じることは、ないものねだりが多いということだ。欲しいものがないのが組織である。それでも組織は何とか動いているが、不安定であり、将来にも不安を感じているのだ。実は組織を存続させるには、次の３つの基本原則に従ってまず考えてみる必要がある。

〔基本原則１〕　組織は不安定な状態で成り立っている

（１）「すべき仕事は何か」に答えられるか？

　まず考えなくてはならないのは、「あなたの仕事は何か」ということである。

　例えば、営業担当者に「あなたにとっての仕事は……」と質問すると、「売ることだよ」と答えが返ってくる。本当にそうだろうか？　考えていただきたい。

　それでも営業や生産部門であるならば「○○だよ」と表現することができるが、総務部門となるとそうもいかない。ちなみに、読者の皆さんにも総務の仕事は何なのかを考えていただきたい。これまで多くの企業で体験したのは、社員の代わりに書類を作成、計算書をつくる、慶弔事をする、法的な処理をするといったものが殆どである。「それらはどうしてそうするのですか…」と質問をすると、答えられなくなってしまう。

　よく考えてみれば、結婚のお祝い金などは申告した人に対して払うものであり、申告書の書き方が分からないのであれば、支払わなくても支障はない。手続きの説明はよいにしても代わって書いてあげるなど意味がないと話すと、総務担当者が驚いた表情をするのを何回も見てきた。考えてもらいたいのは、やるべき仕事は何なのかということなのだが、それが理解してもらえない。

○**本来の仕事はどれかを把握する**

　本来、総務はスタッフではあるが、その仕事は組織を動かすことであり、組織を活性化することである。総務は会社の雑用係ではないのである。したがって、補助的な雑用で満足されては困るのである。ビッグカンパニーであっても、このことを理解しているところが少ないのは残念なことである。

　本来の仕事が何であるか分からないため、やるべき仕事をしていないのであれば、組織のバランスは崩れてしまう。この本来の仕事は何であるかということが分かっていないのが、一般社員ならともかく幹部社員や役員までとなってしまっては、第2章で後述する「組織のスリーバランス」を取り戻すのに時間を要してしまう。

　組織の部・課・係などそれぞれを総称して業務単位（又は組織単位）と言う。仕事を見直すには、業務単位毎に本来何の仕事をすべき単位であるかをもう一度考えてみることが必要である。同じ業務単位のメンバーからほぼ同じように本来やるべき仕事の答えが返ってくれば、組織の軸はズレていないと判断してよい。

　組織は変わっていかなければならないし、それだけに、本来、不安定になりやすいのである。

（2）人を活かす冷徹さがあるか

　戦略は組織能力が規制する。組織は、それを構成する人に最終的には制約されるのだ。だから、その企業にいる人のレベル以上のものは出てこないと見ても間違いではない。しかし、あなたの組織を支えてきたのは、本当に優秀な人間であったかということだ。

　人を活かすには、冷たさを持たなければならない。たとえば、担当させた仕事ができないのであれば、そのことを率直に指摘する。期待外れならば「期待通りでなかった」と言い切る。これを言わないで、人間関

係を良好に保とうとするようでは、組織は動かない。最悪の場合、その人が辞めてしまうことがあるかもしれないが、それを恐がっていたのでは人が育たない。

人はこの仕事が出来なければ外されてしまう心配を心のどこかに持っている時に努力して育つという。この心理を健全な範囲で活用することができれば、人を活かすことが出来る。恐怖心で人を動かせということではない。出来なければ外されてしまう心配から、その責任を果たそうとするのである。

○雇用延長で見えてきたこと

雇用延長が叫ばれて久しい。最近、雇用延長で見かけるのが、定年退職年齢を境目として、その前後でこの人を育てるための冷たさが必要だと感じることである。

「辞めますよ」「きっぱり辞めます」と言っておいて、いざ雇用延長となると、態度を豹変させて穏和で協力的になることがある。それまではあんなに高圧的な態度をとっていたのに、急に後輩が上司となっても、従うようになる。子供みたいと思えるが、それが現実なのである。

これは、組織はルールに従うためである。上司・先輩の冷たい態度は、本人の気持ちに圧力をかけるため、適度な欲求不満の状況をつくる。和気あいあいはよいが、それが行き過ぎないようにすることである。

○人が辞めて分かること

同じ基準で採用すると女性の方が優秀だという話を聞く。ところが、その優秀なはずの女性社員が辞めてしまうことがある。このような組織のトップが口にするのは、「まだ受け入れ体制・教育ができていないからだ」と言う。これは多くの場合正しくない。大切なのは、受け入れ体制や教育ではない。多くの場合、問題は、トップの女性に対する価値観なのである。

しかし、トップの価値観を変えることは難しい。その場合は、無理に変えるのではなく、しくみを改善することだ。

現実に人材登用についてはトップが決めることが多い。しかし、決める前に部門責任者の考えも聞いて、再検討する余裕が欲しい。
　どんな組織も規則・基準などのしくみに従って動かなければならない。もちろん、その中でトップの価値観が生かされる。こうすれば、組織の安定度は増すのである。

（３）集団規範に目を向ける

　外部から組織に入ってきた人が、組織のやり方に染まっていく。どうしてそうなるのか、それはそうしないとその集団の中での居心地が悪くなるからだ。集団規範と言われるものである。昔から言われる「郷に入っては郷に従え」「一度は染まってみろ」という言葉の裏には、この組織に個人が対応していくための智恵を表している。組織が持っている集団規範の中で生きていくには、智恵が必要なのだ。ところが、この智恵には良い智恵と悪い智恵という両面がある。気をつけなければならないのは、集団規範を無視して自分勝手な知恵で生きていこうとする人がいることである。
　三陸津波の時に感じたのは、その影響により流されるままになっている人がいる反面、集団規範を無視して、身勝手なことをする人もいたことは事実なのだ。三陸大津波の後、人々の生き方が大きく変化したのを見た。津波から間もない頃は、身内や知り合いの人を探すために仕事どころではなかったのは分かる。それが尾を引いていたのも事実である。しかし、一部の人にいつまでも組織を無視する動きが続き、それが元に戻らないのである。これを元に戻すのに、思いも掛けない苦労をさせられたもので、これは集団規範を無視したことに起因する。集団規範については第２章で詳述する。

〔基本原則２〕
組織のマイナス面に目を配る

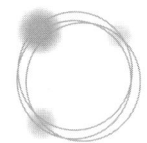

（１）プラスの面だけを見て決断しやすい

　「なぜ組織が動かないのか」という質問をすると「組織内のコミュニケーションが悪いからだ」という答えが多い。

　しかし、これまで見てきた組織で、理想的なコミュニケーションが存在する組織にお目にかかったことがない。これは運が悪いからであろうか？　私はそうとは思えない。

　それとは逆に、それほど優秀とは思えない人達を集めながら巧みな組織活動をしている組織に出会うことは多い。そのような組織では、ある拠点の業績が悪い場合、拠点長を替えればよいという単純な結論にならない。人材に限りがある。もしこの拠点長を外したらどうなるか。この拠点長を外してどこに持っていくか。この拠点長を外したら周りの人はどう思うかと考えると、人の入れ替えだけでは組織は打つ手がなくなってしまうからだ。

　つまり組織は、そのポジションに置いた全ての人が機能してくれることを前提としている。しかし、そうした前提は現実の組織では難しいところがある。そこで考えなくてはならないのは、プラス・マイナスのバランスを取りながら組織を存続させていくにはどうしたらよいかということだ。

　そのためには、まず拠点の仕事そのものからを見直してみることだ。多くのことを拠点長に期待するには、まず、仕事そのものの現状を見直すことだ。

(2)「しくみ」を変えることを忘れない

　組織変更の頻度が高いのは問題だが、まったく動かさないのも問題である。業績が向上傾向にある時は、組織変更がやりやすい。

　ところが、業績が何となく横ばいの時や下降傾向にある時は、あまり手をつけにくいものである。

　組織は川の水と同じで、常に流れていなければならない。たとえば、川の流れが止まっても、一時的には水質も安定しているために魚も住みやすいと感じやすい。ところが、流れが弱くなり、これに慣れてしまうと生態系そのものも変わってしまう。そうなると、ごく一部の生物しか住めなくなってしまう。そのため、河川工事では多自然型工法という工法により、自然石を使い、わざと流れを速くしたり、逆に渦を巻くような状況をつくり、川を活性化することにより、様々な生物が住めるように工夫をしている。

　これは、組織でも同じである。河川工事も経済性だけを追及して流れを止めたり、逆に速くしたりすると自然が壊されたり、人の健康に影響を与えたりするデメリットが起きてしまうのである。組織変更のメリットばかりに注目しないで、デメリットにも注意を払っておくことだ。

　いくつかの企業が拡大する市場に新規参入した時のことである。拡大市場に進出した当初は、これといった努力をしなくても業績が伸びた。そこで多くの企業が社員数を急速に増やし、業績もグングン伸びていった。そんな中である組織のトップは、「拡大する業績を喜んでいないで、今はそれに対応できるように"しくみ"をしっかりさせる時ですね」と語り、そして1年間その通りに実行していった。しばらくすると、先行したグループの会社の業績は頭打ちとなり、なかには倒産するところも出てきた。その時になって、このトップの企業は一気に業績を上げていったのである。

　企業のトップが興味を抱くのは、これから成長する業種の市場につい

てである。そのために、経営には「○○ブーム」といわれるものがいつの時代にもある。ITブーム、環境ブーム、介護ブームなどと言われてきたものだ。こうしたブームの初期の段階は、早く手をつけたところがその恩恵を賜ることとなる。ところがしばらくすると、対応できる「しくみ」をつくっていない組織は、業績が頭打ちとなってくる。これまで私が関係してきた企業は例外なくその傾向にある。だから、新規参入後しばらくはよくても、今後を考えたしくみを構築することを淡々と進めることが不可欠なのである。「しくみ」については第2章で詳述する。

（3）内側の綻びを直す

　売上目標は達成したのに、利益は上がらないという組織がある。
　口では利益を優先すると言いながら、現実には売上を追求するだけで終わってしまっているからだ。組織のしくみは、売上は把握しやすいが、利益はよく計算をしてみないと分からないので、つい後回しになってしまうことが多い。だから、「あなたの組織はこれからどうしたらよいですか」と質問をすると、「新市場を開拓すべきだ」「もっと積極的に営業活動をすべきだ」「市場に合った商品を生み出す」「ライバルに勝たなければ」「市場価値を高める」といった外向きの案が多い。
　これらの課題の共通点は、外部に目を向けた策が多く、内部に対する策は少ないのだ。どんなトップでもすぐ思いつくのは、外部にある市場で売るのだから、当然、外部に働きかける策が中心となる。多くの戦略本を見ていると、「市場戦略」「販売システム」「商品戦略」「競争戦略」といったものはあるが、その土台となる「組織の内部充実」についての戦略本は少ないのが現実である。
　私は、これまでに多くの優れた老舗と接してきたが、そこに共通しているのは、「内部固めがしっかりしていること」だ。一見、内部固めは地味に見え、効果として現れにくいと思われがちである。ところが、長

生きしている企業は、これをしっかり行っているということに注目すべきだろう。

○取られて負けていく

　関係先の企業で野球部を持っているところがある。そこの野球部は時々企業対抗の試合をするので、私もたまに応援するようにしている。

　このとき試合の勝ち負けで面白いのは、負ける時はエラーや守備の乱れが多いことだ。つまり、点数を取って勝つのではなく、相手チームに取らせてあげて負けていることだ。

　また、業績が上がらない時に理由として聞く言葉では、市場戦略のような外部に対するものは少なく、組織内部がしっかりしていないからだという人もいる。ところがいざ打つ手となると、外向きの市場戦略だけとなってしまう。内部固めは時間がかかる。いつ成果となるかが分かりにくいからだ。しかし、急がば回れの正解があることを忘れてはならないのである。本質的には強い組織をつくりたいのであれば、外部に目を向けることと同時に、活動の基盤となる組織の内部にも目を向ける必要があるのだ。

〔基本原則３〕
割り切り、切り捨てをする

（１）よく見れば赤字部門は再建できる

　経営活動をしていれば、赤字経営に陥ることはよくある。赤字を経験したことのない会社やトップも中にはいるが、１回も経験したことがないのは運がよく、いつ赤字になるか分からない危険性があることも考えておくべきだろう。

　赤字といっても、その大小により対処方法は変わってくる。あまり赤字に慣れるのもよくないが、多少の赤字であるならば、経理の調整により何とかなる。また、一気に落ち込んだ赤字であれば、営業努力だけではどうにもならないので、固定的な部分を切り捨てて、急速に回復することも可能となる。

○中途半端な赤字への対応

　問題は中途半端な赤字である。企業全体の赤字もあるが、多くの会社を部門別に見ていけば、赤字の実態が明らかになってくる。中途半端な赤字は、全体として何とかなりそうな赤字であったり、赤字部門を黒字部門が補ってわずかな赤字であったりする。そのため、あと少し営業努力をすれば何とかなると思ってしまうので、かえって業績改善が進まないということにある。

　さらに問題となるのは、ごく少額であっても赤字が続いている組織や赤字・黒字状況を繰り返している組織である。切り捨て・割り切りができないために、赤字が常態化しているのだ。この場合は、営業活動により外部に働きかけるといったことに注力するだけでなく、内部の組織バランスを整えることである。どこかが歪んでいるから、そういう結果になっていることが多い。思いきって、切り捨てや統合を考えた手をうつべきである。

（２）選択集中させれば組織は動く

　経営戦略は、競争上優位なポジションをつくることが前提となる。そのためには、投入する経営資源を集中させなければならない。これからは国内需要が先細り・衰退していくといわれる。人口が減るのであるから当然のことである。思い切った集中選別投資や撤退を考えなければならない。しかし、それだけであろうか。

　いくつかの業界を調べてみると、高齢化も進んでいるので、今いるメンバーだけで何とかやっていき、この人達が辞めたら会社も閉めてしまうという消極的なトップが多くなった。

　しかし、よく調べてみると、明らかに成長業界ではないが、技術革新に対応すれば、将来的には生き残れる業界であることが意外と多い。

　すぐれた老舗は、他社が撤退していくのであれば、逆に投資をしてみてはどうか考えることもある。若い感覚の社員を入れて、得意先の変化に対応し、攻めに転じるという考えもある。

（３）「今ここで」のすばやい動き

　「一歩でも先に手を打つ」。トップとの話でよく出るのが、集中的に投入するのなら一歩でも半歩でもよいから早く手を出した方がよいという話である。

　いずれ手を出すのであれば、早い方がよいのだ。とにかく決断の遅いトップが多い。しかし、組織の中で長年にわたって仕事をしてきた経営幹部や役員の中には、露骨に変えたくないという姿勢が見える人が少なくない。それならせめて黙って見ていて欲しいと思うのだが、口出しをして足を引っ張ることもある。

　例えば、ある電子部品の会社で、きめ細かい営業をしなくてはならな

い職種であるということから、女性を営業の前面に出そうということになった。ところが、いざ始めてみると、なかなか業績が上がらない。これを見ていたこの会社の一部の幹部が「やっぱりダメだ」と勝ち誇ったような口調で言うのである。要するに、私には責任ないよ、社長が言うからそうしただけだということなのである。

　しかし、早めに女性営業の推進に取り組んだライバル社は、女性社員を活かしてきめ細かい営業活動が進んでいたのである。顧客の側にも女性の技術開発者が多くなり、今更古き時代の営業マンなど求めていないのである。

　トップと共に他の経営幹部や役員もがやる気がなければ、当然社員も追従する。たとえやっても、表面的な行為やしくみだけを変えるだけでなく、なぜそうしなければならないか、そうしないとどうなるかを考えて手を打つ。

　変化の時代に対応する動きを実現しようとするのであれば、全員一致でそれに対応できる組織を醸成する力がなければならない。

第2章
組織を存続させる手の打ち方

〈組織を存続させる対応力とは〉

「そのままでは貴方の組織は崩壊する」。
「会社だけでなく、職場も家庭さえも崩壊するだろう」。
　なぜ、そのようなことが言えるのか？……と抗議されるかもしれない。
　感覚の鋭い読者は身近な組織で、その運営が以前のようにスムーズにいかなくなったことを感じ始めているのではないだろうか。
　現実の問題として、所属する企業に対するロイヤリティ（愛社心）の低下、仕事の責任回避、安全意識の欠落、上下間・メンバー間の対立、仕事の放棄などが多くの業界で発生し、社会的な課題となっている。

1．「量的変化」より「質的変化」に目を向ける

　日常生活で気に掛けることが多い変化は、経済的な数値の変化であろう。
　例えば、物価や賃金の変動であり、景気の指標となる変化である。これらの変化は殆どが数値で把握できる「量的変化」であり、それらの変化に対応して、企業では販売促進を強化したり、経費を節約したりしているであろう。
　このような「量的変化」だけでなく、全ての社会活動のあり方を根本的に見直す必要になる大規模な「質的変化」が起きていることをシッカリと見つめなければならない。
　それは法律や制度のような社会を動かすしくみの変更はもちろん、企業内の諸制度やリーダーシップのあり方、更には地域コミュニティから個々の家庭生活のあり方に至るまでを根本的に見直す必要がある重大な変化なのである。
　人間の生活を歴史的に振り返ってみると、そのような大規模な「質的

変化」は、大きな技術面での開発・発明が行われた時に発生している。

（1）鉄砲の伝来と導入

　社会の動きの一部ではあるが、種子島に伝来した鉄砲とその改良品を織田信長が諸藩との戦いに導入して戦闘のあり方を「質的に変化」させ、圧倒的な戦力を発揮して諸国制覇への歩みを進めた。

（2）産業革命による量産設備の開発

　量産のできる機械・設備の開発によって、それまで基本的に自給自足であった衣服や多くの生活用品が安価で入手できるようになったことは周知の事実である。それは生活が便利になった面もあるが、他面で生活収入を得るために工場周辺に居所を変えたり、新しい作業技術を習得するなど、多くの人々が自分の生活のあり方を「質的に変化」させねばならなかった。

（3）航空機の高度な開発

　近代の軍縮会議が戦艦等の軍艦の削減を中心に話し合われたように、国家の戦力は保持する軍艦の大きさや数量で決まるものとされていた。そのため、わが国は太平洋戦争で不沈戦艦といわれた戦艦大和や武蔵を主軸に戦おうとした。しかし、それまでは戦闘前の敵情把握や戦闘を有利に展開するための爆撃など、やや補助的兵器と思われていた航空機が高度に技術開発され、それに搭載する強力な爆弾火薬の開発とあいまって、国家戦力の主軸となっていたため、期待された戦力を発揮できぬまま沈んでしまった。

　また、それまで陸・海・空と分けられる三軍システムを改革し、有機

的に活動できるように活動の仕方を「質的に変化」させていたか否かが、航空機主軸の国家戦力を発揮できるカギとなっていたことも見逃せない事実である。

　このように検証してくると分かることは、起こった「質的変化」に対応していち早く対応できなかった国家や人間は、歴史上の敗者となったことである。

　それでは、今日起こっている「質的変化」は何の開発・発明によって発生したのであろうか。それを一言で言えば「高度な情報システムの開発」すなわち『情報革命』によって発生しているのである。

（4）高度な情報システムの開発（情報革命）

　開発されたコンピュータ・システムがインターネットに組み込まれて、一部の権限保持者だけでなく、地球規模で大多数の人々に広く活用されるようになったことにより発生した「質的変化」である。注目すべきは今回の「質的変化」は、起因となった「情報」の持つ特性のため、極めて広範囲の事象に、いわゆる想定外の「質的変化」を起こし、かつ、そのスピードが速いことである。

2．今、起こっている「質的変化」と3つのキーワード

　今日の「質的変化」は、「高度な情報システムの開発」いわゆる情報革命によって起ったもので、決して突発的に発生したものではない。

　米国の社会歴史科学者アルビン・トフラーは、既に1970年代に、広範囲な社会諸分野の調査分折から、始まっていた情報技術の革新が生み出した「質的変化」について、その動きに3つの方向を見出している。

　それを3つのキーワードで表し、地球社会のあらゆる面で、その傾向への動きが強くなるので、対応策を考慮しておく必要性を強調した。

[3つのキーワード]
① Power‐Shift
　社会の各方面で力関係が流動化する。具体的には、格差拡大・極端変化・力差変化・求心力低下・分裂・解体・再編成などが増える。

　20世紀から世界に君臨した超一流企業の数々が、今日、その経営再建に苦悩していることは多くの人が周知の事実である。その間に逆に世界に知られる企業に成長した企業も少なくない。まさに力関係の大逆転である。

　大局的に見ると、フランスの経済学者トマ・ピケティは著書『21世紀の資本』で、今日の資本主義社会では富裕層と貧困層の間に、このままでは社会を持続することが不可能になる極端に大きな所得格差が生じていると実態の調査・分析結果から警告している。力の強弱差の極端化もPower‐Sihftの動きの1つである。

　このような経済面での格差の極端化は、企業間・個人間だけでなく、中央都市〜地方都市などの地域間でも進み、政治面でも問題となっている。

　また、貧困層の深化と増加は、児童の義務教育への支出にも困る家庭を急激に増やし、教育を受ける機会にも無視できない格差を生み出している。

② De-massification
　画一的大量主義・一括処理が嫌われる。すなわち個別・個人別・個性的・好みに合う・選択できるものが重視され、価値が上がる。

　いわゆる「文明の衝突」がある。1つの社会の文明すなわち社会生活のあり方を他の社会から批判され攻撃されると、強い拒否反応を示すことが多く見られる。その拒否反応が戦争にまで広がることも少なくない。自分の信仰する宗教を否定されることに強い反撃を起こすこともある。

　今日、多くのアスリートが「自分らしいパフォーマンスをしたい」と抱負を語るのも各人の個性を重視しているところにある。

また①Power Shift で挙げた中央大都市〜地方中小都市間の格差拡大は、その対策となる地域個性を生かした地方分権化を考えると De-massification のキーワードの面でも把握することもできる。

③ Question Authority

権威と言われるものの見直しが進む。今迄の権威・権限・常識・意義・規定・基準・位置づけなどが通用しなくなる。

①②のキーワードで示したような「質的変化」が起こると、それまでの権威・権限などが通用しにくくなり、社会の諸活動にも新しい基準や規程（ルール）が求められるのである。家庭生活でも、その円満維持に新しい関係ルールが求められている。

この３つのキーワードは、それぞれが別個のものではなく、今日の「質的変化」をどういう側面から把握するかによって、３つの異なる見方になるものである。

このような「質的変化」を考えると、国家だけでなく、企業などの組織体や家庭までが、その変化に対応できる「新しい形」を早急に確立する必要に迫られていることを理解できるであろう。

それを怠って「そのままでは貴方の会社は崩壊する」運命が待っているのだ。

〈組織を存続させる３つの行動〉

「そのままでは貴方の組織は崩壊する」と言われて何もしない人はいないだろう。

その崩壊の時代に成長している企業の組織は、組織を存続させるため、以下の３つの行動から始まっている。
1．組織の「形」を構造的に深く把握していく
2．組織の「形」を構造面から社会の「質的変化」に対応できるように変革していく
3．変革した組織を社会の「質的変化」に対応して動かしていく

以下で組織を存続させる３つの行動について詳しく見ていこう。

１．組織の「形」を構造的に深く把握する

ここでいう組織の「形」とは、株式会社とか個人企業というような「外形面」の「形」を言うのではない。組織を動かす立場として、どのようなところを変革する必要があるかを把握する「構造面」の「形」である。

組織のメンバーの業務能力を高めること、あるいは高い業務能力の所有者を集めることは必要なことである。しかし、その高い業務能力の所有者が持てる能力をそのまま発揮するとは限らない。励ましたり、業績目標達成者には高い収入を約束するなど、やる気を引き出そうとしても上手くいかないことも多くなっている。

社会の情報システムが発達し、誰でも多くの情報が簡単に得られるようになると、その影響で人間の感情作用は複雑になり、意欲づけ１つでも昔よりかなり難しくなっている。そのため、今日、人間を動かすには、それを囲む環境条件を総合的に整える必要が生まれている。そのためには、まず組織のメンバーにとっての環境条件とは何かを知り、今日の社

会の「質的変化」に対応するための変革をしなければならない。

（1）組織のメンバーとしての環境条件とは

　組織を構造的にとらえるには、スリーバランスセオリー「三脚の原理」が働いていると考えると分かりやすい。

　測量器具を載せたり写真撮影に使う三脚は、誰もが知っている通り、支点を要（かなめ）にした3本の脚で構成されている。そして、その3本の脚はお互いに支え合っており、その支点と脚3本ともがシッカリしている場合にのみ、測量器具やカメラが期待通りの働きをすることができる。

　支点はもちろん、3本の脚のうちの1本でもヒビが入ってグラグラすると、残りの2本がどんなにシッカリしていても全体が不安定になり、期待通りの働きは不可能になる。ここでいう三脚の3本の脚と支点とは、組織の下記の構造要因を言う。（図表2参照）

A．仕事そのもの：

　「仕事」とは、必要とされる業務の質量とそれを実現するための目標・施策（方針）である。また、施策（方針）とは、目標を達成するための力の入れ所と考えてよい。

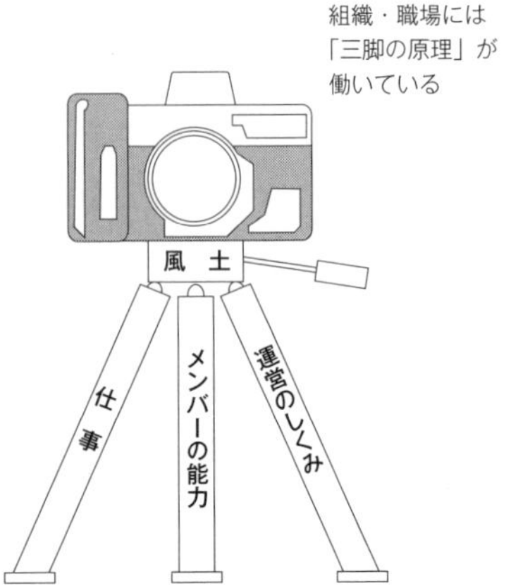

B．人（メンバーの能力）：

　ここでいう「メンバー」とは、経営者・管理者を含むそれぞれの全構成員を指し、「能力」とは、業務能力だけでなく、対人能力・問題解決能力の状態をも指すものである。この3つの能力は組織的な活動をする場合に、そのメンバー全員に不可欠な

図表2　三脚の原理

組織・職場には「三脚の原理」が働いている

能力である。

C. 運営のしくみ：

　運営のしくみには２つの側面がある。その１つは、仕事の運営体制すなわち業務分担の仕方やその相互関連づけ、情報の流れづくりなどであり、もう１つは、規則や制度の運用の仕方である。運用のしくみはどんなにシッカリとつくっても、その運用の仕方で効果に大きな差異が出る。

　この「仕事そのもの」「メンバーの能力」「運営のしくみ」が三脚の３本の脚と位置づけられ、その支点となるのが「組織の風土（集団規範）」である。

D. 組織の風土：

　組織の風土（集団規範）とは、単なる雰囲気や風俗的なものだけでなく、その場の生活習慣のような行動面の特性まで含むものである。

　特に注意すべきことは、このような生活・行動習慣が、言わば"見えない掟"すなわち"闇のルール"となって、メンバー全員をそれに従わせようとする力が働くことである。

　例えば、それは会議における発言の状況に見られる。

　会議とは、その名の通り「会って議論する」ことであるが、しばしば見られる光景としては、出席したメンバーが申し合わせたかのように発言しない状況や、たとえ発言を促されても、なお発言しないか最少限の発言ですませてしまうようなことがある。

　このような会議の席では、積極的に発言するメンバーがいても、他の多くのメンバーの「発言しない」行動習慣が次第に"見えない掟"として働き、やがて、その人も発言しないメンバーの群れに入っていくのである。

　この例は、好ましくない"見えない掟"であるが、逆に強力なメンバーの「積極的に発言する」行動習慣が、発言しないメンバーを発言するメンバーに変えていく好ましい"見えない掟"も存在するのである。

　しかし、競争下にある企業の組織は、かなり無理な活動をしなければ

ならないので、好ましくない"見えない掟"の方が生まれる可能性はかなり高い。その上、このような"見えない掟"は、仕事への努力レベルやメンバーの人間関係のあり方などの行動面や、メンバー間のコミュニケーションの多くの面に生まれて、そのあり方を決めてしまうのである。

　この"見えない掟"は集団規範と呼ばれ、上司の指示よりも強くメンバーに影響を与えることも多いので、きわめて注意を要するものである。

　既に述べたように、組織の活動は「仕事そのもの」「メンバーの能力」「運営のしくみ」の3本の脚が、3本ともガッチリして、かつ、その3本が「風土」を支点にしてシッカリと互いに支え合った三脚になっていることが必要な環境条件となる。

　例えば、「メンバーの能力」を実戦的に自信を持たせるには、まず「仕事そのもの」の割り当てを明確化し、向上を促す「風土」づくりと、向

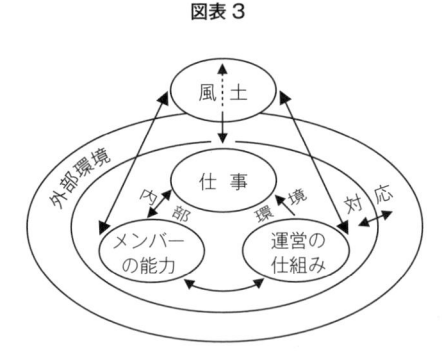

図表3

4要因はどれを中心に位置づけても支え合っている

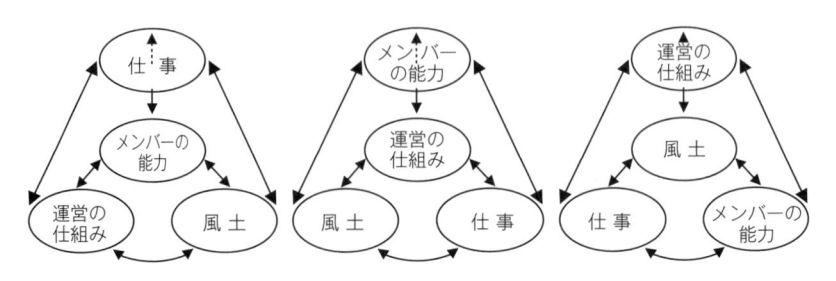

上した能力を生かせる「運営のしくみ」づくりが必要なのである。

　また「仕事そのもの」の内容である目標や方針を実現するには、「メンバーの能力」「運営のしくみ」「風土」の３つのバックアップが必要であり、同様に「運営のしくみ」や「風土」も残りの３つの支えがあってこそ強化・変革できるのである。（図表３参照）

　要するに、「三脚の原理」における３本の脚と支点の４要因は、どれを中心に位置づけて考えても、相互にシッカリ支え合った時に、組織を強い力を発揮できる環境の基本条件が整う。

　しかし、それは基本条件であって、その三脚を、更に今日起こっている社会の「質的変化」に対応できる状態に変革してこそ、今日の組織が100％の力を発揮できるのである。

2. 組織の「形」を構造面から「質的変化」に対応できるように変革していく

　それでは、今日、既に起こっている社会の「質的変化」に対応するために、組織の「形」をどのように変えたらよいのだろうか。

　具体的には、あなたの会社を「スリーバランスセオリー」に沿って構造的にとらえ、その各部分を社会の「質的変化」の傾向を示す（前出の）「3つのキーワード」に対応できるように変革のための工夫をすることである。

（1）組織を変革する3つのヒント

ヒント1．キー・パーソン（key-person）を育てる

　上司が指示し部下メンバーがその指示に従って動く。これが組織・職場の普通の「形」である。これで期待通りにメンバーが活動すれば問題ないのだが、「三脚の原理」の条件が整っていても、自分の持てる力を期待通りに発揮しないことがある。このような場合、いくつかの理由が考えられるが、「質的変化」のキーワードであるPower-Shiftへの対応をまず考慮する必要がある。

　競争が厳しく、レベルの高い仕事が続くと、自己防衛規制が働くのか「このへんのレベルにしておこう」と努力を惜しむ集団規範が生まれやすい。このような状況を打破するには、上司〜部下の力関係だけに頼らず、部下メンバーの中に「キー・パーソン Key-person」を育てて活用する方法が考えられる。この対応策はキー・パーソンに重点を置いて育て、そのリーダーシップを活用して他のメンバーを牽引して、結果的に全メンバーが職場で力を十分に発揮する前向きの集団親範を生み出すことにある。

　したがって、大切なポイントは、キー・パーソンは上司に迎合する人

間ではなく、仲間であるメンバーに影響力のある人間を選ぶことである。その位置づけも、上役的な立場でなく、メンバーの中のリーダーとして位置づけてこそ「質的変化」Power‑Shiftへの対応策となりうるのである。

ヒント２．真の権限委譲で部下の力を職場に引き出す

　社会の「質的変化」Power‑Shiftは、今迄のように上司の指示命令権限だけに頼って部下を動かそうとすると、「指示されたことだけしかやらない消極的なメンバー」、更には「失敗しても自分の責任と考えない」人間を生み出すようになった。「上司の指示の仕方が悪かったから自分は失敗したのだ」と言うのである。

　そこで上司の指示命令（Power）だけに頼らないで、部下に権限を委譲してやらせよと言う。けれども「それは今迄以上に失敗の危険性を高めるだけで不可能だ」と反発する声が多く聞かれる。

　しかし、それは真の権限委譲の「形」を成していないからである。

　効果を上げる真の権限委譲は「三面等価の原則」をシッカリと守った「形」をとらなければならない。

　三面等価の原則の３面とは、「責任」「権限」それに「義務」の３つであり、この３つが等しく存在することを原則とするものである。

　権限委譲が行なわれる場合、この３つの中の「責任」と「権限」につ

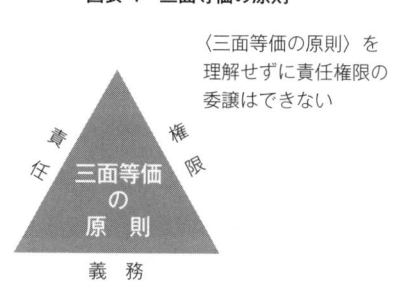

図表４　三面等価の原則

〈三面等価の原則〉を理解せずに責任権限の委譲はできない

（三角形の図：頂点から時計回りに「責任」「権限」「義務」、中央に「三面等価の原則」）

いては説明されるが、「義務」については説明がないことが多い。これが問題を発生させている。

　本来、「責任権限の委譲」とは、「指示してやらせる管理」から「任せてやらせる管理」への移行であるが、この「任せてやらせる管理」とは、この「義務を通してやらせる管理」なのである。

　したがって、この「義務」の内容を部下が理解しないままでは、真の「責任権限の委譲」とは言えないのである。その際、注意すべきことは、上司が部下に責任権限の委譲をしても、それは上司が管理の責任と権限を放棄することを意味しないということである。部下に、業務の一部を「任せてやらせる管理」をするのであるから、管理の「形」は変わっても、管理する以上は、その責任・権限は上司にあるのだ。したがって、上司が、この自分の管理責任を果たすためにも、「任せてやらせる管理」を実施する場合には、上記の「義務」の内容を部下に具体的に説明しておかねばならない。すなわち「真の責任権限の委譲」とは、そのスタート時に、「義務」の内容である３つの項目「報告」「連絡」「相談」の具体的方法を、部下に説明しておくことが不可欠となる。

①報告義務
　いつ、何を自分に報告すべきかを伝える。報告の回数と内容は任せた責任の大きさと本人の現有能力の両方を勘案して、必要最少限に定める。

②連絡義務
　関係職場との必要な業務連絡である。いつ、何を、どこに連絡すべきかを明確に部下に伝えておかねばならない。

③相談義務
　「任せた」と言っても、その部下があらゆることを１人でやりきれるとは限らない。どうしても解決できない問題にぶつかった場合は、誰に（自分が不在の場合も考えて）相談すべきかを決めておく。

　責任権限の委譲は、この「３つの義務」を、部下に具体的に伝えて徹底してからスタートする時にのみ、期待される成果が得られるのである。

このように「真の責任権限の委譲」は、社会の「質的変化」Question Authorityのキーワードに沿って、上司の権限の新しい活用の「形」を示すものである。

ヒント３．プロセス快感重視型の仕事・日席設定を工夫する

スポーツのアスリートが「楽しく」という言葉をよく使う。

例えば42.195kmを走るマラソンの競争選手が、事前のインタビューで「どのように走るか」を質問されると、「全力で走る」という選手は少なく、「楽しく走る」と答える選手が多いことに気がつく。

それを聞くと「この選手は全力を尽くす気がないのか」と不審に思う。しかし実際には、この「楽しく走る」と答えた選手が好成績を収めることがかなり多いのである。なぜ、このようなことが起こるのだろうか。

人がどういう時に「全力でやろう」と強いやる気を起こし、どういう時に逆にやる気を失うのかについては、既に多くの心理学者によってかなり探求されている。いろいろなアプローチがあるようだが、一言で言って、それは「その仕事（やるべきこと）の中で自分が『快感』を得られるかどうか」で決まるという。（図表５参照）

図表５　"やる気"はどのようにして起こるのか

"快感"は本人の強い欲求が充足された時に得られる
⇩

| 現代人の５つの強い欲求 | ①認められたい（承認）
②任せて欲しい（責任）
③達成したい（達成）
④成長したい（上位の達成）
⑤そのものへの興味（理解） |

⇩

したがって　これらの欲求を充足できるチャンスを仕事の中に作ってやらせると

⇩

それが "快感" の予感となって ⇒ ヨシ、ヤルゾ！ となる

心理学では、人間がやる気を起こす源となる「快感」は、その人の強い欲求が充足される時に起こるもので、当然のことだが、その人の強い欲求が充足される場合には、得られる「快感」が強いという。
　そして、一般に仕事の中での欲求は、次の５つに大別される。
①**認められたい欲求**——仕事を期待通りに成し遂げて誉められることが基本となる。
②**任されたい欲求**——細かいことまでクドクド言われて仕事をしたくない欲求が基本となる。
③**達成したい欲求**——仕事を計画通りに進めてやり遂げたい気持ちをいう。
④**成長したい欲求**——仕事をやり遂げる中で自分の成長を実感したい欲求。
⑤**そのものへの興味**——興味を持てる仕事をしたい、仕事を楽しくやりたい欲求。
　さらに、この５つの欲求を洞察すると、「快感」が得られる時点が２つに分けられることに気がつく。
　すなわち、「認められたい」「達成したい」「成長したい」の３つの欲求は、主として仕事を成し遂げた結果で「快感」が得られるものであり、「任せて欲しい」「そのものへの興味」は、主として仕事のプロセスで「快感」が得られるものであることに気がつく。
　この時点の違いを考えると、前者の結果型快感は、仕事が期待通りの結果を得ることが前提条件になるので、やる気を起こす源としての効果は半減される。
　それと比較すると、後者のプロセス型快感は、結果を待つことなく仕事をする過程で得られるのであるから、効果はより確実で職場で活用しやすい。
　この「任せて欲しい」と「そのものへの興味」という欲求充足によるプロセス型快感を、営業マンの得意先担当の決定に活用して業績を上げ

ている企業がある。その企業の営業部門では、各地区の過去の実績・購買力の伸びや諸商業係数を勘案し、更に担当者が効率よく訪問できるように交通事情も加味して得意先区域を分けて、営業担当者を指名して振り当てていた。しかしそれでは一方的になるので、担当営業マンの決定を「上からの指名」ではなく、「本人の入札制」に切り替えてみた。当初はテスト試行のつもりであったが、結果が予想以上によかったので、その後も継続しているという。

　この「入札制」は、本人から自分が担当したい得意先区域の希望を提出させるものである。ただし、裏づけのない希望を排除するため、その営業マンから、①自分が担当したら年間どれだけの実績を上げてみせるか、②その実績をどのような営業活動で実現する心づもりかを説明させ、その裏づけを検討〜確認して担当者を決定していったのである。

　この「入札制」が成功した背景には、日頃から営業担当者間にコミュニケーションの機会をつくって顧客情報を共有化させ、また、必要な情報は広くシステムで得られる環境づくりをしていることを見落とせない。

3．変革した組織を社会の「質的変化」に対応して動かす

　組織の「形」を変革しても、それを社会の「質的変化」の３つのキーワードに沿って継続的に動かした時にのみ、組織は、更に成長して生き残ることが可能となる。それを実現するには、次の２つの機能が必要となる。
(1)　理念を明確に設定して優れた個性のある組織・職場をつくる。
(2)　意思決定とその実行のスピードアップを実現する。
　この２つについて、更に細かく見ていこう。

（１）理念を明確にして優れた個性のある組織をつくる

　社会が「質的変化」をしている難しい時代に、企業が生き伸びて成長を持続するには、その活動の基盤となる組織（会社全体）・職場が前述の３つのキーワードに沿って社会の「質的変化」に対応する努力をしなければならない。
　例えば、キーワードの１つである De-massification（画一的大量主義からの脱却）を実現するために「企業理念」を明確に設定し、それを一貫して徹底継続する方法が考えられる。
　これは、ある居酒屋の出来事である。３人の男性客に店主が、
「お客さん、そろそろお引き取りください」と言った。
　他の客も「何事が起こったのか？」と話をやめ、一斉に店主の姿を見つめた。
　すぐに３人の男性客は憤然とした。
「おい、客が楽しく飲んでいるのに帰れとはなんだ！」
　しかし、店主は引き下がらずに、「お引き取りください」と静かに繰り返した。
　やがて、店主の厳然たる態度に、３人の男性客はあきらめたのか、代

金を投げだして店を出て行った。

　店主は静かに、残ったお客に「失礼しました。どうぞ、ごゆっくりおあがりください」と挨拶し、いつもの雰囲気に戻っていた。

　この３人の男性客は店に入ってくるとすぐに声高に話し始め、時々ふざけ合っているようだった。談笑しながら飲んでいた人達（女性客の姿も見られた）は、「うるさい客が入ってきたな。話がしにくいよ。静かにしてくれないかなあ」と少しイライラしているようだった。

　店主が３人の男性客に「お引き取りください」と迫ったのは、そのすぐ後だったのである。

　いつもこの店の評判がよく、時には満席で客が外で待っていることもある理由はここにあった。

　居酒屋が流行るのは、酒や肴の味がよい、値段が安いことなどがあるが、それ以上に顧客を引きつける魅力を備えていることだ。その魅力とは、この発言の中に貫かれた「理念」（考え方・行動）すなわち「何よりも大切にする価値」の存在である。この店の理念は「みんなが楽しく談笑して疲れを癒す場づくり」だったのである。だから、それを破壊する客は損をしても排除したのだ。

　キーワードの De-Massification ——すなわち、どの店も同じという画一的大量主義を脱却して、店の魅力となる個性を「理念」として築きあげたこの居酒屋の店主の努力は、社会の「質的変化」にみごとに対応したものと言える。

（２）意思決定とその実行のスピードアップを実現する

　「情報革命」すなわち高度な情報システムの開発が、今日の社会に重大な「質的変化」を引き起こしていることは既に詳しく述べた。

　しかし、最後に重視しなければならないことは、社会の諸側面で引き起こされている「質的変化」のスピードが、考えられる以上に速いこと

である。それは変化が起こる時のスピードだけでなく、起こった変化が衰えて更に次の変化が起こるのも速いので、目を離せないのである。

　これはワールドワイドに作動する情報システム自体のスピードが速いためで、多くの人々に選択肢の豊富な新しい情報を次々と与えることが原因と考えられる。

　そのため、メーカーは次々と新製品を市場に出さなければならず、たとえ新製品が、当初売れ行き好調であっても、それをやめて次の新製品を出す用意をしなければならない情況が起こっているのである。

　さらに「情報革命」は、諸情報のスピードアップと伴わせて、その情報産業の技術革新そのもののスピードが速いので、その業界の企業間で対応力に差が生じた。その結果、世界に知られる巨大企業が急速に衰退する一方で、逆にベンチャー企業が短期間に大企業に成長している事実があることは既に広く知られている。

　こうなると「質的変化」下の社会で、企業が確実に成長していくには、意思決定とその実行のスピードアップが不可欠であることが分かる。それには、まず、発達した情報システムを最大限に活用して、社会や市場の動きを即日的に把握しなければならない。次に、その情報を分析して対応策を意思決定するには、既に詳述してきた今日社会の「質的変化」の傾向（トレンド）を示す「3つキーワード」に沿って今後を予測することにより、確実性の高いスピード対応が可能となるのである。

4．1つに固執しないで動かす

（1） 3つのバランスと2つの工夫

　スリーバランスセオリーで大切なことは、どこか1ヶ所を動かすのではなく、3ヶ所のバランスを見ながら全体のバランスをとることである。ポイントとなるのは、3つの内のまず2つに注目して動かすことが効果的であるということだ。3つの全てに同時に手を打つということは、現実には難しいところがある。

　たとえば、営業の仕事を既存顧客中心から新規顧客開拓に活動を強化するならば、仕事の進め方を改めなくてはならない。同時に、営業管理のしくみを変えるということもしなければならないのである。もちろん、この時に人材についても手を打たなければならないのであるが、まずは進め方としくみに手を打ってみるということである。そして、この2つの工夫が落ち着いてから、人の面に手をつけるということをしてみることである。しかし、それでは時間がかかり過ぎる、企業環境の変化についていけないと思われるかもしれない。

（2） 2つのバランスからスタートすると成功する

　ここで、3つの柱の上に風土が乗っていると想定してほしい。人は2つの手しかないので同時に3本を持てない。そこで2本を持つこととなる。そして、まず1つを固定させておいて、持っている残りの2本を調整することとなるのである。

　この水平調整は、誰に言われることもなく、私達は自然に身につけてきたものなのだ。だから、それに従うことが組織を無理なく水平に保つための手法となるのである。

図表6　風土（集団規範）の3本柱

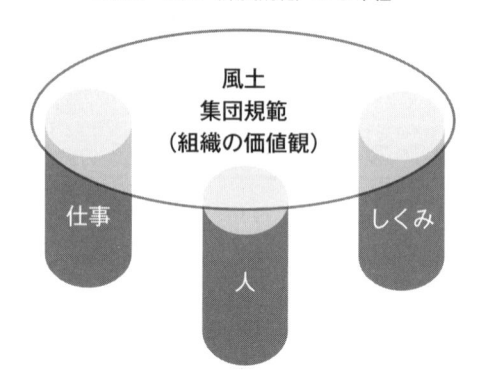

風土
集団規範
（組織の価値観）

仕事　　人　　しくみ

　3つの脚に同時に手をつけようとすると、ことのほか難しい。それは、どことどこがバランスがとれているかの基準がつくれないからである。そのために手の打ち方さえ見当がつかなくなってしまうのだ。まずは、仕事としくみの2つのバランスが出来れば、それに合わせて3つめの人材をどこまで教育しなければならないかが明らかになってくるのである。

　この2つの脚に目をつけ、2つの相互関係から平衡感覚をつくるということにより、3つめにこうすればという基準が明らかになる。

　ところが、そのことが分からずにただ人間面だけに圧力をかけるのでは、やがて、

「あの人が努力しないからだ」

「言われたこともやらないからだ」

というように、方向外れの感情的な結論となってしまうのである。

（3）人は育つという思い込みの罠

　組織を活性化するには、人の質と量が欠かせないという前提がある。そのために2つのことに手をつける。1つは、できるだけ優秀と思われ

図表7　スリーバランスの概要

項目		ポイント
仕事	・目標	・目標設定は自ら行っているか
	・施策（方針）	・目標達成のための施策はあるか
	・実施方法	・施策は行動として具体化しているか
	・測定・評価	・目標・施策の実施状況は把握されているか
	・分担	・仕事の分担の仕方は工夫されているか
	・情報	・目標達成のための情報はあるか
	・実施している仕事	・仕事の目的は明確か
	・やらなくてもよい仕事は	・実施している仕事に目標達成の関連性が低いものはあるか
人	・人数	・組織運営に必要な人員は把握しているか
	・能力のバランス	・メンバーのスキルバランスは
	・求められる能力	・仕事に求められる能力と人の合致度
	・メンバーの協力度	・仕事・補佐関係ができているか
	・重点育成人材	・組織として求める人材はいるか
しくみ	・現場指導	・育成のための仕事の与え方、まかせ方はよいか
	・採用	・人の採用にポリシーがあるか
	・規定（ルール）の体系	・体系的な規定はあり、動いているか
	・規定（ルール）の整理レベル	・ルールは改定させているか
	・個人の担当範囲	・個人の仕事は明確か
	・グループの責任範囲	・グループ単位での仕事の調整度
	・仕事の連係度合	・他部門の仕事に対しても反応している
	・自主性を支えるルール	・細かい指示がなくても動いているか
	・しくみの運用	・しくみは動いているか
	・しくみの改廃	・しくみは常に改廃されているか
風土・集団規範	・組織の雰囲気	・組織の動きは感じるか
	・集団規範	・非公式のルールにはどのようなものがあるか
	・集団同化	・個人は集団に従うか、その度合いは
	・要求するレベル	・仕事に要求するレベルは高いか、低いか
	・職場毎の動き	・職場（業務）単位で仕事の進め方が変わるか
	・組織の動き方	・組織は割り切った動き方か
	・組織が大切にしている考え	・組織として大切にしているものは
	・企業の歴史は	・企業の歴史が組織活動に影響を与えているか
	・動機づけ	・人を動機づける工夫はしているか

る人材を採用する。もう1つは、入社した社員を育成するということだ。

　前者では、応募者を沢山集めることにより、人の質が上がる。数多くの中には優秀な人がいるという統計的な考え方である。人材募集の会社やIT技術の活用により、入社試験までは何とかなる。しかし、現実はいざとなると採用ができない。採用してみないと、本当に優秀かどうかは分からないのである。

　反面、企業の人材開発に関係してきた著者がいうのも気がひけるところであるが、あえていうのであれば、人材育成で飛躍的に人材を成長させることは簡単には期待できない。それなら、人材育成をしないでもよいかというと、決してそうではない。人材育成により、あるレベルにまでは伸びるし、自信をつけることができる。また、想定以上の効果が出ることもある。

　ここで問題となるのは、あるレベルということであるが、この期待するあるレベルは、中堅企業のトップが期待するものが高すぎる傾向にある。中堅企業を対象とする管理者研修では、「社長の代理を育てる」というキャッチフレーズが有効であると教育団体セミナー担当者は言う。しかし、そもそも管理者セミナーだけで社長の代理を育成することは難しいと言える。

　そのために、トップは社員が期待するレベルに達しないと、直ぐに人材育成をやめてしまうことが多い。

○**管理者、経営者の差を見る**

　企業規模が大きくなると、管理機能と経営機能を分けなければ組織が動かなくなる。

　とくに難しいのは、経営層（役員）の育成である。これには、本腰を入れてやっていかないと育つものではない。多くの役員育成セミナーでは、そのスキルの習得について研修を行うが、それだけでは育ったとはいえない。大切なのは、経営層としての物事の見方であり、判断の仕方である。これは、一朝一夕で身につくものではない。

さらに、「組織はどうあって欲しいか」を率直に考えることが必要である。それを身につけた時に、思考を組織の行動として具体化できる。これについては、スリーバランスセオリーに従い、展開することである。

（4）しくみと仕事のバランスをとる

○全社員が売上責任を持っている目標を細分化する

しくみと仕事のよきバランスをつくって効果を上げるには、目標をいかに細分化し、分権化していくかにある。

経営活動は、損益計算書に表され、売上高・売上総利益（粗利益）・営業利益・経常利益・税前利益などに分けられる。この中で、一番粗いものが売上である。気をつけなければならないのは、売上だけをブレイクダウンしていくだけでは、しくみと仕事のバランスが機能せず、最終的な責任が不明確になりやすい。

組織図と責任の関係を逆に位置づけると、権限と責任が明確になって

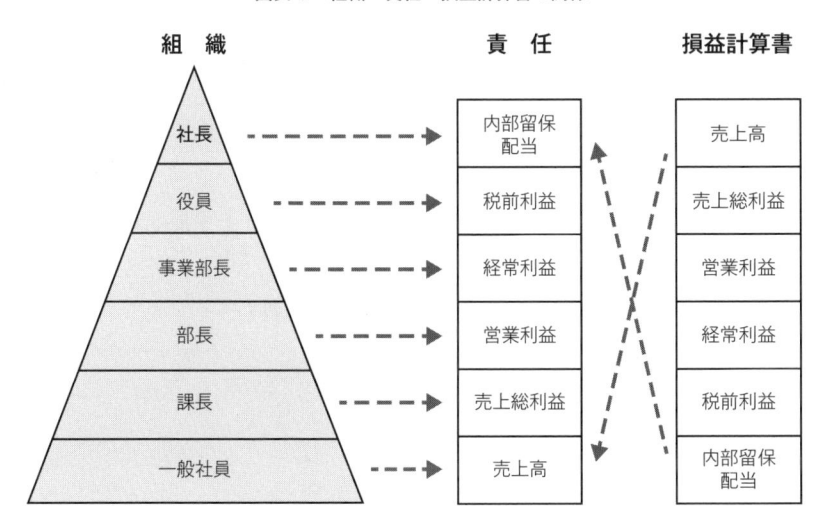

図表8　組織・責任・損益計算書の関係

組織	責任	損益計算書
社長	内部留保 配当	売上高
役員	税前利益	売上総利益
事業部長	経常利益	営業利益
部長	営業利益	経常利益
課長	売上総利益	税前利益
一般社員	売上高	内部留保 配当

くる。

　管理レベルを上げるということは、責任のレベルをあげていくことになる。売上高に注目をしていた社員が、売上総利益、営業利益へと目線を高くしていくことにある。

　この関係は、組織上の見方の広さを表すものである。だから、職位が上がるに従い、見方が広がっていかなければならない。

○**最初の成功体験に引きずられるな**

　ところが、人は最初の体験（とくに成功体験）に執着する傾向がある。社会に出て間もない時期は、売上高や生産高を上げ、その成果によって職位を上がっていく。これが、売上・粗利益・営業利益と視野がつながっていけばよいのだが、それができずにいつまで経っても売上高だけを意識するだけに終ってしまうことがある。これも係長クラスならともかく、会社の役員になってまでその意識が強い人がいる。なかには「一生一セールス、係長」ということを豪語している役員までいることには驚かされる。このような組織は、人間が成長しないために機能的に分権化できず頭打ちになってしまうのである。

　ビッグカンパニーのＡ社は、国内市場が衰退傾向にあるため、主力を国外にシフトし、国内は特定分野に集中して成果を上げ、業績は好調であった。ところが、この会社の会長が、国内全体での売上を上げることにこだわった。そのため、社長以下の役員全員も国内シェアを高めろという集団連呼に繋がってしまった。

　それまでは、国内は堅実に利益を上げていくことを主眼として特定分野に集中していたので利益の確保ができていたのだ。ところが、会長が「売上第一」といったことから戦略が混乱し、逆にシェアを失ってしまうという悲劇が起きてしまったのである。

5.「やる気」だけに頼らない組織をつくる

(1)「やる気」と業績との関係

　組織運営をする上で、当てにしたいが、当てにしてはいけないのが「やる気」という実体のはっきりしないものである。組織の中でトップが「やる気」の有無を感じられるのは、身近にいる人についてである。したがって、離れて活動する人について「やる気」の有無を感じ取ることができない。

　人が仕事の中で満足するのは、先にあげた5つの欲求を充足された時である。人のやる気には実体はない。だからやる気があると感じる時は、その人の声が大きいことや、その仕草から何となく感じ取るものになってしまう。

　やる気がある、また、あると判断するのは、相手の発言や行動を通してのことであり、やる気そのものがはっきりと分かることはない。企業規模が小さいうちは、個々の社員の表情が手に取るように分かるから人がどう変わったかはある程度分かる。よく、結婚をするとやる気になるという話をするトップがいるが、かならずしもそうは言えない。自分の

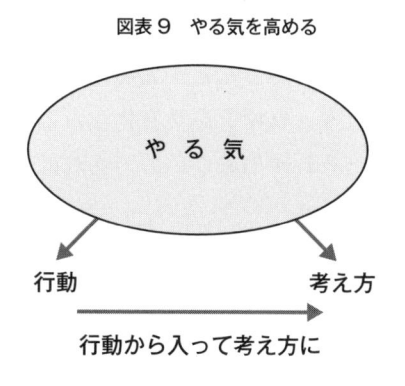

図表9　やる気を高める

やる気　→　行動
　　　　→　考え方

行動から入って考え方に

想像で結婚をしたという事実を知っていることから、①結婚をした→②家族を食べさせなければならない→③収入が必要だ→④一生懸命に働くと決め込んでしまう。

　トップから頑張ってくれと言われれば、部下は誰でも頑張りますと言わざるを得ない。思い通りにいけばよいのだが、それが上手くいかない時の失望は大きいものがある。

　そうならないためには、達成すべき課題に、具体的な手が打たれているか、で客観的に判断し、やる気だけでは期待しないのが組織運営の鉄則である。

　何よりもメンバーがプロセス型快感を得られる組織環境をスリーバランスから考えてみることである。経営上の諸活動に、社員を参画させたり、個々の意見を聞いたりしてみる。また、人材評価を厳密に行い、温情に片寄らない異動方法を工夫することも必要だ。大切なのは、このように放っておいても、本人がやる気だけで前向きに取り組むだろうと考えないことである。

　ここで気をつけなければならないのは、このやる気をトップ自らが直接に問い直して確認しようとすると、やる気がさらに崩れてしまうことがあるということである。

（2）先の見えないロマンはあてにならない

　トップは、社員にロマンを語ることが大切だと言う。また、社員もロマンを持つべきだとも言う。ロマンを共有化することは、組織にとって極めて有効である。またそれが出来ないのであれば、先行きが暗いと言われる。

　私はこれまで、新しい企業を立ち上げる援助を何回も行ってきた。組織立ち上げから間もない段階では、社員の意識が高く、コミュニケーションも良好であり、大きなロマンが感じられる。ところが、しばらく経っ

てくると組織に対する不平・不満が聞こえてくることが多くなる。そうして、新しい事業が思うようにいかないのはメンバーの誰々のせいだとお互い言い出すのである。

あの新しい企業を立ち上げる時に燃えていたロマンはどこへ行ってしまったのだろうか、と感じることになる。

この現象は、以前勤めていた会社に不平・不満があり、何人かで外に出て独立をしようとする人間の集団に強い。リーダーシップの理論にもあるように、組織をまとめるには、外に目標やライバルを設定することが有効であるのは、既に知られたところである。

したがって、新しく出来た会社は以前勤めていた会社をライバル（悪者）にする。そうすることにより、集団の気持ちがまとまるのである。

ところが、この程度のロマンは、長続きするものではない。たとえ業績が短期的によくても、そのままうまくいくことは少ないのである。

○今までのやり方を変えられるか

成長・発展しようと考えるならば、今までのやり方を変えていかなければならない。だから、過去を引きずったロマンだけではやがて挫折することになる。

また、技術集団は、よい製品は売れるはずだという考えを持つことがある。この「よい製品は売れる」というのは、技術集団の画く理想（ロマン）であるということだ。技術集団の人々は、品質レベルがある程度の商品でも高く売れることを知っている。そのために、技術レベルを上げれば必ず商品は売れると思うのである。

このような集団のメンバーは、商品がなぜ売れるのか、また売れないのかに考えが及ばないのである。

したがって、組織はものの見事に崩れていくのである。

ロマンは、顧客に買ってもらうには市場ではこれからどうすべきか、どう変える必要があるかを更に考えることが前提となる。

そのままでは未来があるかを考えてみることだ。トップの仕事は、こ

れを自らの言葉と動きで示すことにある。

（3）一歩ずつ風土を変革し、数値・事実で責任を判断する

　組織の責任は、その組織部分（組織単位・業務単位）のトップ1人が取ればよいのであって、他のメンバーが取る必要はない。
　　　会社の責任は社長
　　　事業部の責任は事業部長
　　　部の責任は部長
　　　……班の責任は班長
である。
　厳しいようだが、それが組織の本質である。しかし、多くのトップと接して耳にするのは、
- これは前のトップの責任だ
- これはメンバーが悪いんだ
- これは私の運が悪いのだ……

という考えである。
　このように言っても現実に動いている組織で、そのような考え方が何の役に立つのであろうか。慰めにもならないのである。
　この現実を踏まえて、組織はそのメンバーに責任のあり方を徹底することが大切だ。よく危機感を煽ればよいと思い、業界環境の厳しさについてばかり話すトップは多い。これは上手くいったためしがない。
　毎期初めに、「今年は勝負の年である」という内容のことを言うトップは多い。勝負とは言うが、何をどのようにして勝負するのかを言わない。「とにかく頑張ろう」だけになる。
　そんなに毎日、毎期勝負ばかり強調していたのでは、社員は疲れてしまい、体が続くものではない。
　そこで、まず勝負の土台となる組織のよい風土、よき集団規範（見え

ないルール）を醸成し、それを共有化していくことに注力することである。そのためには、まず現在の組織が持っている風土にはどのようなものがあるかを調べてみることである。

　これには、2つの方法がある。1つは、自分の企業でどのような言葉で物事を取り決めているかを把握することである。
　・やってみよう
　・言われたら、やらなければならない
　・やってみなければ分からないだろう……
　もう1つは、具体的な行動面で把握する方法である。
　・やると決めたら、やっている
　・やると決めたけれどやらない
　・やると決めたら、とりあえず手はつけている
　・やると決めても、無視をする

　この2つを客観的に見ていると、組織が持っている風土の概況を把握することができる。そうして、その風土をどのように変えるのか、あるはそれに順応していくのか、ということを見極めることである。

　その場合、いきなり理想的な風土をつくろうとしてはいけない。これは、失敗することが多い。まず考えなければならないのは、現状の風土を意識して確実に対処していくことだ。

　その基本は、メンバーが仕事を進めようとしないのであれば、まず管理サイクルを短くして、仕事の立ち上がりから確認していくことである。そして、そのことを繰り返している内に、やがてやらなくてはいけないのだとなり、それを一歩ずつ進めていく中で、やがて「やると決めたらやろう」とする風土を育てていくことができるのである。

　一方で、職場の安全管理や営業の代金回収など、それをしないと事故や不具合になると判断されるものについては、やらないことそのものから指摘しなければならない。この場合は感情ではなく、具体的事実や数値に基づいたもので指摘することである。事実や数値はトップの言語に

よる圧力よりも臨場感がある。中途半端なやりとりにならないためには、現場にある事実を常に集めて、数値分析をできるだけ詳細に把握しておくことである。

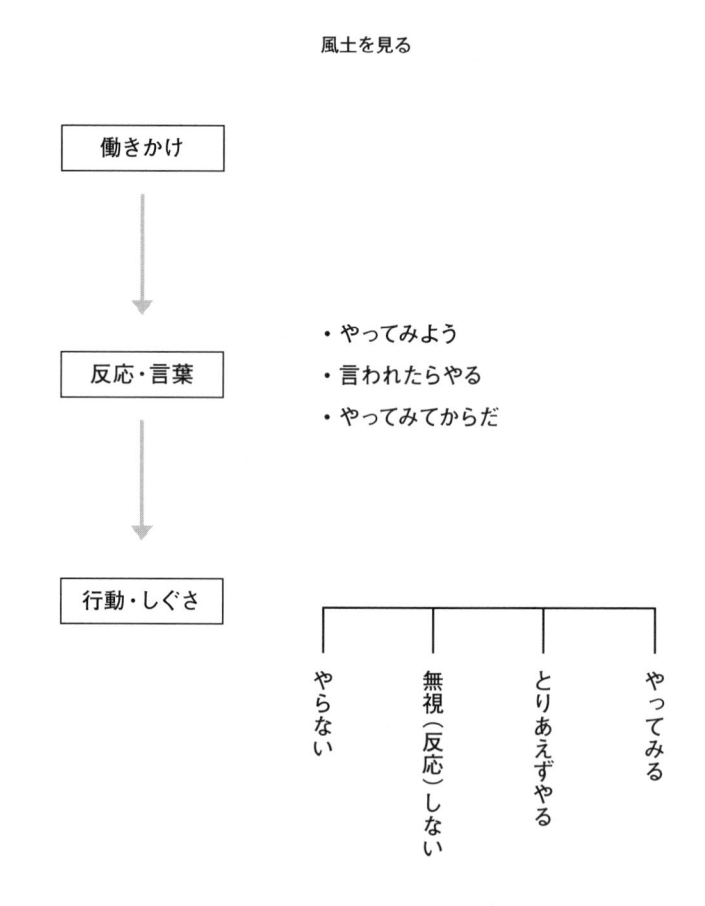

風土を見る

働きかけ
↓
反応・言葉
- やってみよう
- 言われたらやる
- やってみてからだ

↓
行動・しぐさ
- やってみる
- とりあえずやる
- 無視（反応）しない
- やらない

6．3つの方向づけと何もしない
　　3つの動き方

　ここまで、組織を存続させるための行動を詳しく述べてきた。そして最後は組織のスリーバランスに基づき、それぞれにどう方向づけるかを検討してみることである。

　これには、以下の3つのものがある。

　①強化すべきものは何か

　②何もしないものは何か

　③縮小すべきものは何か

①強化すべきものは何か

　強化すべきものは、弱いものを強めるだけではなく、強いものを更に強化するという考え方も必要だ。

　地方都市で人口が減少していき、やがて市から町に縮小されてしまうのではないかというところがあった。その地域で1位のシェアを取っている企業が独自の方策を打ち出した。地域に見切りをつけた他社が撤退していく中で、この企業は撤退しない決定をした。更に、しくみと人を投入する策を打ち出したのである。地元採用の多い社員は、この地域でやってくれるならば、頑張ろうということになり、その結果、更にシェアを伸ばし業績を上げたのである。

　これは、自社の強いところを更に強化していったというものだ。衰退市場だからダメだという考えは、いつも本当かと疑ってみることをしてみてはどうだろうか！

　これに対し、自社の弱みを強化していくということは、意外に時間とコストを要するものである。

○何もしない場合でも3つの対処法がある

次に、どう対処すべきかは、何もしないでよいものを見極めることである。

②何もしないものは何か

何もしない場合でもとなると、そんなことがあるのかと思うかもしれないが、

①今は何もしない
②後で手をつける
③ずっと手をつけない

に分けてみることだ。

ここで大切なのは、タイミングを考えて敢えて手をつけないこともあるということだ。

今は何もしないというと、それはトップが優柔不断なのだと思われるかもしれないが、必ずしもそうではない。

トップがやらないのは、それなりの理由があることが多い。これを無視しないことだ。

たとえば、やるべき時を待つという行為も必要なのだ。

また、組織を新しくしても馴染むのに時間がかかるからだ。これは、医師に診察してもらい、「しばらく様子を見てみましょう」と言われることに通じるものがある。

しかし、問題となるのは"分かっている"のに手をつけないという場合だ。

"分かっている"のならば、どういう要件が整ったらやると決めておかなければならない。

分かっていても、今は待っていて何もしないこともある。そして、組織の動きを見て、機会が来た時は果敢に手を打つことが大切なのである。

○生物学に学ぶ組織への対処法

　生物学の中に、ドベネックの理論という考え方がある。これは、組織体についても当てはまる理論であり、スリーバランスセオリーと合致する。桶の木枠は、カルシウム、リンなどの生物にとって大切な要素により１枚１枚が出来ている。そして、この桶に水を注ごうとすると、栄養素の一番低い所から水が流れ出してしまうというものである。つまり、水を桶に入れようとする努力は、報われないというものである。

　これと同じように、組織の三本柱の極端に弱いところがあるならば、活動をしても成果として表れにくいということがある。これに直ぐに手が打てるならば、そうすべきであるが、それが出来ないのであればジッとそのところを見守りながら、活動量を増やせなくても、その時期が来るまで待つというものである。

●リービッヒの最少律●
植物の生育は、必要な元素のうちで最少量のものによって制限される。

ドベネックの桶

第3章
常に先を読み
組織活動に活かす

「老舗に学ぶ」
東日本大震災復興が教えてくれた現実
〈陸前高田 八木澤商店〉

1．経済社会の動きと老舗
2．経済指標では読めないものも読み取る
3．現場にはひとつ先を読むきっかけがある
4．組織構造にズレが発生する
5．商品力は計数で把握できる
6．ライバルを見て動きを決める

「老舗に学ぶ」
東日本大震災復興が教えてくれた現実
〈陸前高田 八木澤商店〉

震災後の移転した八木澤商店　　　　震災前の八木澤商店

　東日本大震災で著者の関係先は数多く流された。何回か現場に行っている間に、多くの組織の復興を見てきた。そこで感じるのは、頑張るのは役人ではなく個人、法人ではないかということだ。マスコミ報道では、国がしっかりしないから復興が思うようにいかないという主張が多く、そのことは正論である。

　三陸は過去に何度も災害に見舞われてきた。その度に、社会支援の少ない中で、人々が歯を食いしばって復興を果たしてきたのである。

○それは一枚の看板から始まる

　株式会社八木澤商店がある陸前高田は、2011年3月11日の津波により、街の大部分が流されてしまった。八木澤商店とて例外でなく、本社・工場の全てを流された。そんな中、河野通洋（当時37歳）は、4月1日をもって社長（9代目）となった。資産としては、文字通り残った看板一枚からのスタートであった。

　初仕事は、2人の新人のためのシッカリとした入社式であった。2人

の新人を迎え、新社長としての考え方を素直に伝え、これからの復興に共に頑張ることを約束するのである。3月11日に東日本大震災があり、採用を見送った会社は幾つかあった。このことは、マスコミで報道されているが、入社式を行ったことにはあまり触れていない。岩手県の著者の関係先でも予定通り入社式を行ったが、そのことが社員の心に安心感を呼んだようだった。大きな変化の中では、日常の出来事をごく普通にしくみとして行えることが安心感を増すのである。

　八木澤商店の創業は、1807年（文化4年）清酒造りを伊達藩から許可された時に始まる。それ以降、様々な苦難を乗り越えて、今日に至っている。

○政治に翻弄される酒造り

　一般に酒造りは、安定経営であるように思われているが、それは表面的な話であると言える。酒造りのコントロール権限はいつの時代も政治にある。景気調整手段として用いられた経緯がある。江戸時代は、飢饉が何度もあった。なかでも1843年（天保14年）の天保飢饉は大打撃であった。様々な理屈をつけ、藩への金銭献上が求められ、更に生産高が調整されたり、清酒造りが停止されるということが平然と行われたのである。

　明治に入っても、政府は酒税から得る資金に財力を感じて、増税するのが現実の姿であった。

　このような状況中で、八木澤商店は堅実に成長するのであるが、その大転機が1944年（昭和19年）9月に、国の企業整備統合政策によって、気仙酒造株式会社（現酔仙酒造株式会社）が設立され、八木澤商店も監査役として参加することとなる。これにより、八木澤商店の酒造りは終了することとなる。危機を乗り切るには、若いリーダーに任せるしかないという判断の基に、合併した8社の前社長が経営から離れ、次の

世代にバトンダッチをするのである。このことが大震災時の社長交代に繋がるのである。

　ふり返ってみれば、このような歴史が大震災で看板一枚が残った八木澤商店９代目に、復興をしようという意志を持たせたのではないだろうか。

　著者は震災後、被災地の多くの経営者の方と接してきた。被災間もない頃は、多くの経営者が再興するという発言をしていたが、時間の経過と共にその発言に勢いがなくなってきたのを感じている。復興するには、組織バランスを保ちながら動くことが前提だと感じたのである

○教育と教訓が組織を救う

　現社長によると、自分の経営にとって参考になったのは、祖父の存在であったという。それには２つある。１つは、地域社会のために自分の信念を貫いたということだ。もう１つは、計数のしくみに明るい人であったことだ。

　経営に関する数値資料を祖父のところに持っていくと、サッと見て赤線を引いてくれる。そして、「もう一度見直してみるように」と言われることが度々あった。よく調べてみると、そこの数値には必ずといってよい程、不具合があったそうだ。つくづく経営者はしくみに強くならなければならないと思うこととなる。

　大津波から八木澤商店が比較的スムーズに避難できたのは、普段から社員教育を行っていたということも背景にある。

　実は、2011年3月11日も、幹部社員の勉強会を行っていた。普段と違う揺れに、現社長が社員に指示を出し、的確に避難することができた。

　八木澤商店は、その危機の度に新経営者が新しい道を探ってきた。先の大戦での酒店廃業時における代表者の交代と同じように、今回も震災

に対応すべく社長交代を行ったのである。

　トップは、出来るだけよい状況で経営をバトンタッチしようとしているように思える。これに対して、老舗と言われるところは、意外と経営の思わしくない時期に交代している経営者が多い。また、そうしているところが何代にもわたる老舗であり、このことを先代・先々代から常に学んでいるために、代替わりが自然なカタチで出来るのではないだろうかと考えている。

1．経済社会の動きと老舗企業

○黙して語らずの組織運営だが……

　社会環境の変化が企業経営に影響を与えるのは、当たり前のことである。

　これまでに関係してきた老舗を見ていると、その多くが成長業種とは言えない業種に属している。呉服屋はかつて沢山あったが、やがて減りだし、殆ど見掛けなくなった。しかし、よく聞く言葉に、「老舗はいいよな、生き残っていけるのだから」というのがある。

　老舗のトップと話していると、このような発言に対して冗談じゃないよ、とは言うが、それを世間に対して主張することはまずしない。だからこそ老舗なのかもしれない。老舗のトップは、テレビやマスコミ取材を嫌うましてや、経済セミナーの講師などはまず引き受けない。ある老舗のトップが、「材料や加工技術の専門的なことについては、お話し出来るけど、経営についてはお話できません」と言っていた。

　面白いことに、100年以上続いている会社が経営について語ろうとしないのに、10年、20年というまだ100年続くか分からない企業のトップは経営を語るということが多い。

○社会がどうあろうが存続するのが老舗だ

　コンサルティングの仕事をしていると、最先端に学ぶということが仕事の多くを占めていたことをふり返る。そのために、米国企業のノウハウを導入コンサルティングもした。ところが、その最先端の経営ノウハウを考え出した組織が、次に米国に行ってみると消滅してしまったということを目にしてきた。

その時に、日本の老舗と言われるところは、決して最先端とは言えないものが生き残っているという事実に直面する。
　つまり、何があろうが生き残って存続するところに老舗の本質的な強さがあるのではないだろうか。

○次の世代の社会対応力を残す

　それはともかく、老舗の人達の社会の見方は、次の社会を例外なく見ている。それは、「継ぐ」という言葉に代表されるものである。そのために、現在起きている社会現象が次の経営者にとってどういう影響を与えるかということを常に考えているということだ。
　もちろん、目先でのその社会動向の把握を活かして利潤を上げなければならないということを常に考えていることは否定できない。
　もちろん、今起きている出来事に対しては、過去のやり方で何とか乗り切っていけるという、ある程度の自負に似たものはある。しかし、次の世代がどうであるかということに対しては実によく考えている。少なくても、20年や30年先は考えているトップが殆どである。
　これで、次期経営者はトップとなってから、ある程度の期間はこれまでのやり方で何とか経営が出来る。しかし、その後は自分で考えていかなければならないが、その時に更に次の世代の経営者がどうしたらよいかという手の打ち方をしているのである。
　残念ながら、多くの経営者の中でも、この考え方ができるのは、老舗と言われるところの経営者に多い。それは、老舗企業がいかにして環境を社会の動きとして読んできたかを組織を通して学ぶことが出来たからである。

２．経済指標では読めないものも読み取る

　経済数値指標には量的変化のものと、街角インタビューに代表される質的変化のものの２つがある。

　前者は、結果としての数値が中心であり、それが経営活動の中で実感として分かるには時間がかかる。

　一方、後者は今現在が何となく感じるが、データではつかめないことが多い。

　いずれにしろ考えなくてはならないのは、このような経済指標が自分のビジネスとどのような関係があるかをいち早くつかむことだ。

　高級店の売上は、景気にも影響されるが、株価の変動に関連することが多い。賃金が上がらないと購買力が高まらないという理屈があるが、この理屈に当てはまらないものがある。その１つが高級品である。その理由は、収入にはもう１つあるということである。

　資本（金）が収入をもたらす（賃料収入、株の収入など）ことがあるということだ。

○資本が購買促進をする

　株には、配当や売買収入がある。日本の企業の多くは、３月が決算月であり、６月に株主総会、その後配当金の支払いとなる。ということは、株主としての配当金のある人は、収入がこの配当時に多いことになる。

　この資本収入が増えると、資産所得として入ってくるのであるから、普段買えないものを買おうとする。そのために、配当金が入ってくる時期に高級品が動く傾向がある。

　とくに最近は資本がもたらす収入が急増している一部の人々がいる。多くの高級店といわれるところは、この層の顧客を相手にしている。だ

から、景気に左右されることが少ないのだ。百貨店でも高級品は売れている。しかし、この客層は必ずしも資本による収入層ではない。高級店は、顧客を固定しやすい。それは景気に大きく影響されない層を相手にしているためであるから、長年にわたり生き残っていけるのである。

○四季を活かす動き

　一方で、大部分の需要に季節変動のある業種はスリーバランスにより活動を調整してみる必要がある。
　需要の少ない時期に人を入れて、しくみを整えておき、繁忙期に備えるという逆説的な対応策も必要なのだ。
　本来、商品に季節変動はつきものである。この場合、組織の中の固定費は季節変動の低いところに合わせ、需要の高い時期にのみ変動費で対応する。変動費は限界利益を低めるものと割り切って使う考え方である。そのように割り切ることにより、よい商品をタイムリーに提供できるのである。
　寒い地方の需要は、雪の量に大きく影響される。都会で報道番組を見ていると、雪国はいつも雪が降っているように思い込んでしまうが、決してそのようなことはない。豪雪地帯と言われるところであっても、雪の少ない年もある。だから、自然に対応した組織の運営方法を工夫しなくてはならない。

○売れるはずのものが売れない

　札幌の有名百貨店で、全く靴の売れない冬があった。それは、この百貨店が感性を大切にし、ファッションの最新トレンドを売るということを主軸にしていたことにある。
　ファッションは、海外などの動向から仕入るものを決めて販売してい

る。その年に限って、大都市で売れているものが、全く売れないのである。とくに、靴売場は惨憺たるものであった。

　この年は大雪であった。大雪となると、除雪需要があるために土木業を中心とする建設業は、除雪作業が多くなり、その収入が増えるのである。この人達が札幌のすすき野で飲食を派手に行ったために、景気がよくなり、経済指標が向上したのである。ところが、ファッション商品、とくに靴は全くといってよい程動かなかった。

　それは、大雪のため人々はとにかく防寒着を求めた。雪に足を取られるハイヒールなどは、全く目を配らなかったということである。これを東京で商品企画をするバイヤーには分からなかったのである。

　経済指標は、組織活動を行うためには、大切なものであるが、それが実需として組織活動にどう影響していくかの関連をつかむことが経済指標を活かすことにつながるのである。

3．現場にはひとつ先を読むきっかけがある

　将来を読む切り口は現場にある。このことに気づかないトップが多い。人口の減少、企業数の減少は、これから避けられないところである。
　それだから言って、国内市場がもうダメだとは言えないのだ。市場の縮小はあっても、それと同時に新しい異質な市場が生まれることもある。
　たとえばファッション産業に関係していると、狙うべきターゲットが全く変わらない企業が多い。相変わらず若い層にねらいを合わせているのだ。そして、テレビ・雑誌でＰＲして売るという相変わらずにマス・マーケティングに頼っている。
　もっと年齢層が高いところに目線を合わせた商品開発や売り方ができないのだろうかと思う。高齢者は、ファッションに興味がないとワンパターンで思い込んでいるのだ。

○衰退市場にも意外なニーズがある

　また、最近では死に装束として、スーツなどの洋服を選ぶ人が増えているという。だから、変な話だが、これから本人の納棺時には一着の洋服が必要（ニーズ）となるのだ。
　しかも、一回の死に際のために、高級なスーツを作る人さえいる。また、自分のお気に入りのファッションを死に装束に選ぶ人も増えている。この傾向が、益々増えるのは確実だ。長く続いている老舗は、二代、三代、四代に渡ってこのような顧客にもしっかりと対応しているのだ。それは、顧客の死に際も対応しているのである。
　関西の一流ホテルのフロントで、トラブルがあった。常連客の一人が次回の宿泊の予約をして金額を聞いてみると、思っていたよりも高いので、そのことについて質問をした。

すると、「インターネットで予約をしていただくとお安くなります」と言われたのである。当然のこととして、そのお客様は「何年泊まっていると思っているんだ」と憤慨したのである。
　この出来事をそのホテルの幹部に質問したところ、「そうなんですよ」の一言だったのには驚いた。
　サービス業の基本は何といってもリピートを増やすことにある。多少安くても定期的に泊まってくれるお客様が大切なお客様のはずだ。それなのに、逆に常連客の宿泊料が高いということはあってよいのだろうか？
　このことに気づいていれば、社員教育の育て方も変わってくるのであるが、全くきづいていない。
　ライバルに差をつけるヒントは、「質的変化」の社会ではいくらでも現場に眠っている。ところが、そのヒントをチャンスに生かすことに気づかずにいる企業が多いことには「もったいなさ」を感じるのである。

○もう一つ先に手を出さなければ

　商品開発のヒントは、現場にあるという言葉は、誰でも知っている。その現場はどこかというと、顧客の近辺であるということだ。
　顧客の工場を訪問したならば、購買の窓口担当者との会話で終わらせないで工場を見てもらうなど、足を踏み込まなければならない。
　そうすることにより、窓口担当者との会話も広がることになる。
　実は、若い営業担当者が顧客のトップと話そうとする時は、これを活用する。
　現場を見てきたら、
「工場で商品が流れていましたね」
「トラックが忙しく動いていましたね」
というレベルでよいのだ。

意外と知られていないのは、当事者は自分の会社の現場を見ていないことが多く、少し話しただけで、この人は現場をよく知っているなということになる。
　顧客との取引巾を広げることになるのである。

4．組織構造にズレが発生する

　行政の委員としてスーパーなど大規模店の出店についての審議会の委員をしたことがある。この委員会は、大規模量販店が出店した場合に、地域にどのような影響を与えるかを判断し、問題がない場合に出店を承認するものであった。

　大型店が出店するので、その影響を把握するために地元の小規模商店に聞いてみると、その多くが「私達は地元に密着している、大型店にそれは出来ない」と言うのである。つまり、自分達のやっていることは大型店に出来ないという意見が大半であった。

　ところが、実際に商店街を歩いてみると、朝の開店は遅いし、夕方になるとすぐ店を閉めてしまう。まさに時代に対応していない接客というものであった。これでは仕事を持っている人が買えないし、お客様は来るはずがないと感じたのである。つまり、地域店こそ顧客に密着していないとつくづく思ったものである。それにもかかわらず、小さな商店を守るための審議会は意味があったのかと不思議に思ったことがある。

○やがて同じことになるから手をつけないと……

　その大規模店も、かつては稼ぎ頭であった家電部門がいつまでも足を引っ張っていて、なかなか廃止できない店が少なくない。組織の名称を変えることによって、何とかしようと考える大規模店もあった。

　「どう見ても黒字転換は難しいのだから、思い切って部門を廃止したらどうですか」と話したところ、その店の幹部からはっきりした返事はきけなかった。

　小売業は堅実に生き延びてきたし、それなりの社会的意味も持っている。ところが、市場の変化は中途半端な規模を求めなくなってきている。

実は規模だけでなく、それよりも顧客へのすばやい対応力を求めているのだ。社会の「質的変化」である。

多くの小売業は、このであることに対応出来ていない。そこには、企業の風土（集団規範）が大きく影響している。

つまり、扱い品目変更というしくみの質的変化に手をつけたくないという風土（集団規範）があるのだ。それをせずに、いたずらに店舗を大きくしたり、小さくしたりする量的変化だけを行っているのだ。チェーン店がある程度大きくなると、突然瓦壊しまう原因の１つはここにある。

○浄化作用を意識して活用する

組織には浄化作用（カタルシス）が働く。これによりある程度は放っておいても組織の修復が行われる。しかし、漠然と放っておくだけでは、そうなることはない。

組織の浄化作用は、それを社会の「質的変化」に対応して戦略的に組み込んだ場合に、効力を発揮する。

事業別の損益を明らかにするという目的は、統合利益を向上させるところにある。そして、長期間儲からない部門は、廃止することを前提に組織を考える。

ところが、これが出来ない。多くのトップは、赤字部門が発生すると、その赤字を他部門の収益で埋めようとする傾向がみられる。つまり、業績のよい部門の中に入れ込んでしまうのだ。これにより、赤字部門が一見、なくなるという状況が表面的には起こる。

その結果、赤字部門はいつまでも生き残ることになってしまう。多くの組織が、継続的に収益を上げられない背景には、成長する目的で編成したはずの組織を運営していく内に、たんに組織を維持するだけの目的に変わってしまったことがある。組織は、汚染（ポリューション）作用も持っているのである。

すなわち、赤字部門があって、それを組織的に隠すことが日常的になると、その赤字が組織全体を潰してしまうのである。ある程度の流量があるならば、川はきれいになる。ところが、水がつまって流れないところに無理に水を送り込んでも、水は流れず、よどんで腐敗してしまうのである。これは、組織についても言えることであり、水のつまり自体を直してこそ組織は浄化されていくものである。

○汚染が闇のルールになる

　組織が汚染されているということは気がつきにくい。それは、自分（組織のメンバーを含み）も関係しているからである。つまり、自分も汚染することに加担しているという現実があるからだ。
　新規事業を立ち上げる時に、自分から進んでそのことをやってみたいと意思表示をすることはまずない。多くの場合は、上司から新規事業を担当させるという他力によるからである。すると、回りの人達も運が悪いと思い、表面的には成功を前提で力を貸すが、裏では失敗を前提に見て見ぬふりをする行動をとる傾向にある。
　更に、それではばつが悪いので、新規事業が上手くいかないことは仕方ないという見方をしてしまう傾向がある。
　すると、営業にしても自分で進んで担当となったわけではないから、赤字を出してもよいのではないかと思うようになってしまう。これが蔓延して風土となってしまうのである。
　こうなってしまった組織風土では、まずメリハリをつけることだ。「赤字は認めない」ということをはっきり言うべきである。
　つまり、組織構造が変化した時には、その変化の意味を正確に受け止めて対応することが求められるのである。

5．商品力は計数で把握できる

　商品力の低下は、限界利益（粗利益）に出る。売り上げを上げるための一番簡単な方法は、値下げをすることである。だから、競争相手に勝つために、つい実施してしまうのが値下げである。
　極力、安易な値下げはさせないことであるが、これが難しい。それは、営業から競争が厳しくて、現行の単価では売れないという反発があるためだ。
　実は値下げをしても直ぐにその結果が集計データに表れるということはない。初期の段階では、値下げ金額が少額であるために、損益にはっきりと表れる程ではないのだ。
　具体的には、少数点以下のレベルで何となく限界利益がとどまっているので、これを感じることは少なく、値下げが1％、2％となった時に気づきはじめて、3～5％となって問題が表面化してあわてるということになる。私の関係先でライバル企業との受注競争に敗れた原因を調べたところ、一番目に多かった原因は値下げ競争であった。
　更に詳しく調べると、限界利益（粗利益）が取れない原因は、単に値下げ競争をしたことだけではなく、その結果で変動費が上がってしまっているということであった。
　その時分かったのは、値下げを抑えるように上司から指摘されると、顧客の要求に対応するために、納期を遅らせたり、納品数量を少なくして対応するということが行われていた。これにより、更に限界利益が低下していたのである。

○「勘定合って銭足らず」とは

　一方、売れて利益が出るので常時在庫が増えると、現金が足りなくな

るということが起きることがある。けれども、限界利益が出ているので、本社はそれなりに支店を評価していた。ところが支店を訪問してみると、倉庫の中に在庫が山となっていた。現実には、顧客のニーズに応えるために、大量仕入をして安く提供し、そしてかなりの在庫を抱えるという悪循環になっていたのである。

　これにしくみとして対応するために、限界利益に金利を入れるようにした。更に、半年在庫しているものの50％を不良在庫として帳簿から外し、更に１年後には薄外商品として処分してしまうということまで実施したのである。

　当然その分は利益から引くこととなる。このしくみを入れることにより、さらに仕事の見直しをしなくてはならなくなった。これまでは、納期はいつでもどうぞ、少ない数でも注文してくださいという状況で営業活動を進めてきたのに、それを根本から見直さなければならなくなったのである。つまり、損益というしくみを変えることにより、仕事・人の見直しが進める必要が生じたのである。

図表10　商品力とは

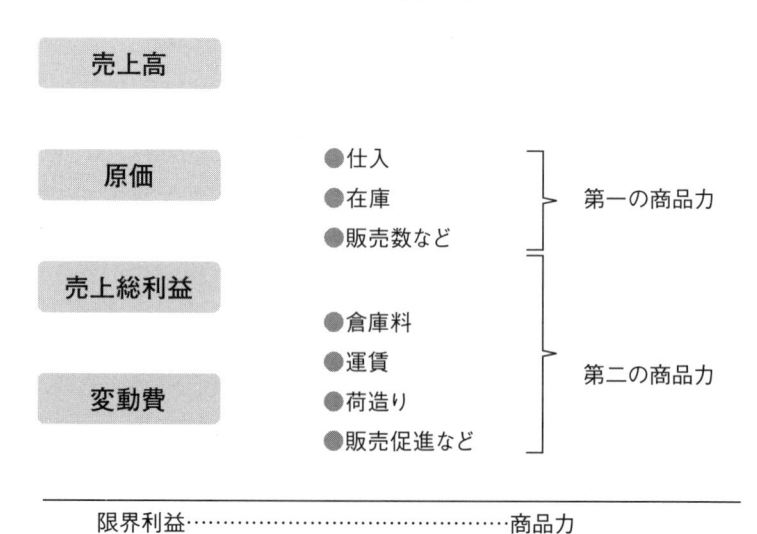

売上高		
原価	●仕入　●在庫　●販売数など	第一の商品力
売上総利益		
変動費	●倉庫料　●運賃　●荷造り　●販売促進など	第二の商品力

限界利益……………………………………商品力

6．ライバルを見て動きを決める

　組織を見る時に、ライバルの動きをつかまえることが必要だ。当面のライバルはどこかと考えてみることである。更にある日突然、これまで考えてもみなかった企業がライバルとなることがある。
　これらのライバルから学ぶことは多い。
　ライバルがいたから成長できた、という声をトップの方からよく聞く。
　また、業界団体などからは、ライバルは同志だ、という言葉はよく聞かれるものだ。
　かつてライバルであった企業が、今日では、取引先の一社になっているということさえある。その時は、なぜそうなったかを問い直してみるべきだ。
　京浜工業地帯に行くと、小規模工場の社長が上場会社のトップのことをよく知っていることがある。興味を持って聞いてみると、実はその昔は仲間だったということだ。京浜工業地帯から神奈川県郊外そして東北へ、更に海外へと工場を展開していった。展開する度に会社が大きくなりやがて上場をしたということだ。経営にはターニングポイントとなることがある。それを見極めるには、ライバルの動きに気を配ることが役に立つ。

○どうして集積するのか

　銀座の専門店は、なぜ成長したかというと、それは周りがライバルであり、仲間であったからだという。現在の銀座に行って気がつくことは、寿司屋が多い。これは近くに仕入先の築地市場がある、バブル崩壊後店の賃借料が安くなったということもあるが、それ以上に寿司屋が多くな

り競争関係が前向きに働いているという。それは、お互いの店をよく見ていることに尽きる。飲み屋横丁も同様である。

　ライバルがいなければ独占できる、と判断するのは早計だ。ライバルがいるからこそ、それを見て新しい発想が生まれ、新しい工夫を展開することができるのである。

　地方都市で機械レンタル業を展開するある企業のシェアは５％程度であった。そのため、市場での認知度は低いが、そのトップは高いライバル競争意識を持ち、とにかく負けるなと連発し続けた。このトップがいなくなってから新しいトップは戦略を変え、組織のスリーバランスを調整した。具体的には前述のキーワードに沿って発想を変え、他社をライバル視するのではなく仲間と考え、レンタル先を逆に紹介してもらったり、共同購入をしたり、お互いに機械の融通もした。これにより、情報が数多く入るようになり、ライバルが取引できないところまで取引を広げることができ、お互いにwin・winの関係が築けた実例がある。

第4章
組織を崩さない仕事の工夫

「老舗に学ぶ」
仕事を通して銀座と共に生きる
〈東京銀座 小寺商店〉

1. 仕事は経営計画書に凝縮される
2. 目標管理は間違えやすいので要注意
3. 評価は目標設定時に始まっている
4. 目標値だけでなく何をするかに注目する
5. やらなくてもよい仕事をやめて効果の高い仕事に集中する
6. 仕事は失敗することを含めてやらせる
7. 成功例の情報でもあてにならないものがある

「老舗に学ぶ」
仕事を通して銀座と共に生きる
〈東京銀座 小寺商店〉

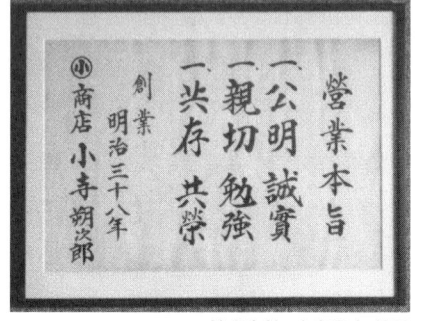

銀座の街並み

株式会社 小寺商店 社是

○銀座という地域組織と共存する

　銀座は、地価が高い。その銀座で株式会社小寺商店は、地域の人達に信頼され、100年以上にわたり不動産を営んでいる。小寺商店の創業は明治38年であり、現存する不動産業としては指折りの老舗企業である。

　創業者が創案した小寺商店の社是がある。その中には、共存共栄という言葉がある。その意味は、地域社会銀座と共に栄えよという意味である。不動産業は俗に言われる投機的な取引をうまくすることにより、多くの利益を得ることができる。これまでに銀座の不動産取引で財を成した人、瞬く間に消えていった人を何人も見てきた。その人達が地域の人から不動産物件を安く買いたたき、高く売るのでは共存共栄にはならないというのである。

○100年「真実」な裏方で支える

この社是の考え方が浮き沈みの激しい不動産業界で、小寺商店を100年以上にわたり、存続させることとなる。小寺商店のお客様が2代、3代と取引が続いているのも珍しくない。一般的に、不動産業は楽観的なシナリオで顧客を誘導すると思われがちである。しかし、「真実を伝え、最悪を考えて提案していく」ということを小寺商店では貫いている。

○大震災、戦争を乗り切る

　小寺商店を語る上で欠かせないのが、関東大震災、太平洋戦争である。銀座を歩いて感じるのは、今でも戦前からのみゆき通り、並木通りに代表される道が区画整理されて整然と残っていることではないだろうか。この街並保存に一役買っているのが小寺商店である。

　関東大震災後、帝都復興院総裁の後藤新平が、大規模な区画整理を行った。この時、銀座の街の地図の作成に携わったのが小寺商店である。現存する銀座の地図としては古いだけでなく、その精密度においても貴重な資料となっている。地図を見て驚くのは、今日と所有者がそう多く変わっていないということだ。

　この地図があることにより、戦後の混乱期も銀座ではトラブルがあまり起きなかった。つまり、スラム化しなかったということにある。そして何よりも、銀座の人達が安心して家業としての商いを行っていたということだ。ビルになってからもその中に自分の安心して家業を残しているために、ビルを売らなかったということが背景にある。

○実は人の絆

　もう1つ銀座の街を支えているものに、その絆（人間関係）がある。というと、東京の真ん中でそんなことがあるのかと不思議に思われる方もおられるのではないだろうか。

海外ブランドがひしめく銀座で、どうして人間関係なのかと思われるかもしれない。銀座の店舗では古くから家族ごとの親交があり、そこでお互いを守るという習慣ができているということだ。
　最近は減っているが、それでも銀座に住んでいる人は多い。事実、小寺商店では今でも現本社ビルの上階に居住している。また、銀座の店舗にもう一度住もうとリフォームをしている若い経営者もいる。

○人と人を結びつける組織

　銀座には銀座百店会、銀実会（若い世代の後継者が会員）に代表される組織がある。これは、代々受け継いでいくものである。会としての結束が実に固い。
　仕事の関係で地方の商店街に行くことがある。そこでは、多くがシャッター通り化している実態を見掛ける。この地域の経営者が口を揃えて言うのが、「大型商業施設が出来たために、お客さんが来なくなった」ということだ。この発言を聞いていると、何を言っているのかと思うことが多々ある。それは、商店街を守るのは商店主であるのに、そういう努力をしないで他の責任にしているだけではないかと感じることがあるからだ。銀座の街が、先の戦争をはじめ何回も破滅の危機に遭遇しながらも生き残ってきているのは、この絆が大きく影響している。
　そこでは、人の絆が多くの命を救ったとも言われている。銀座の街の何代にもわたる人間関係を見ていると、東北の被災地のそれと同様のものであるということに気づくのである。

○入退自由な銀座商店街

　銀座に出店した多くの会社、商店が何年も経たないうちに撤退していくのを見てきた。外資・ブランド店とて例外ではない。

なぜそういうことになるのか、それは銀座の人の絆をベースにした家業的商売を理解できないからだ。銀座であれば高くても売れるというのは思い過ごしである。銀座で商いをしている人達は、必死で家業を守ろうとしている。表面を見ただけでは理解できない、奥の深い努力をしているのである。だからと言って、銀座への出店はその間口が狭いわけではない。

銀座は外に開く間口は広い。しかし、銀座という地名に頼るのではなく、絆を大切にして自立した商いをするトップだけに開かれているのだ。

○目利き商法とは

銀座の価格設定について、よく聞く言葉に"目利き"という言葉がある。目利きとは、目先が利いているということになるが、その目先とは何であるかということだ。目先を合わせるとは、特定のお客様であり、不特定多数ではないということだ。

マーケティング理論では、顧客を幾つかに分類（セグメント）して、そこに合わせた商品や売り方を工夫している。この理論があまり通用しないのが、銀座の売商なのだ。具体的には、この商品、サービスはこのお客様にと、お客様の期待するものが見えていることが前提となる。これが目利きであり、これと同じように商品、サービスが見えていることなのだ。

だから、これからも続くであろうと思われる銀座の老舗では、トップ自らが店頭に立つということが行われている。

その最たるものが、小寺商店である。

小寺商店では、永年に渡り、銀座の一件一件をよく見てきている。つまり、存続することを前提として、不動産業を営んでいる目利き商法をしているのである。

1．仕事は経営計画書に凝縮される

　経営・仕事を進める方法を整理したものが、経営計画書である。だから、それを見れば、その会社の仕事の進め方が分かる。

　しかし、それなりの企業でありながら、売上・粗利を中心とする数値しか作成しておらず、これが経営計画書かと思うレベルのものがある。

　また、ページ数で勝負といったような「厚さだけの経営計画書もある。そんな細かいことまで載せるのかと思えるものがある。

・経営計画書は、目標の連鎖で成り立っていくものである。
・経営計画書は、目標と施策の２つの要素から成り立っている。
・目標は、いつまでにどの仕事を終えるかを示すものである。

　これを売上・利益の数値に置き換えると、社内に対しての指標となるものであり、更に分類すると、人・物・金の計画となる。

○経営資源（人・物・金）の盛り込み方

・経営計画書の人間の面では、人件費をどれ位にするか。とくに賞与をどれ位にするかを引当によって社員に知らせるものである。
「利益が出たら賞与を出す」という考え方がある。
　しかし、これは期末にきめるのではなくて、期の最初にこれ位の利益が出たならば、賞与はこの金額を出すと明示することだ。
・物の面では、減価償却に代表される設備投資について明示するものである。設備投資が過大では困るが、必要な投資は実施しなければならない。何も投資しないのでは将来が不安になる。
・金銭の面で考えなくてはならないのは、その調達方法である。資金は、借りるか投資してもらうかの２つがあり、いずれにしろ返済しなければならない。金融機関からの借入は、利息を払わなければならないし、

投資金は配当をしなければならない。経営計画書は、これらのことについての計画を設定するのである。

○評価は経営計画書で行う

経営計画書に損益レベルで表示されて業務単位が、
　事業部なのか
　部単位なのか
　課単位なのか
によるが、少なくても表示されている業務単位までは、その単位のトップについての評価は経営計画書で行うべきである。それは、経営計画書は目標と施策が権限・責任と結びついて連鎖しているからである。

目標の連鎖ということは、経営計画書は会社の目標と個人の目標を連鎖していることになる。

したがって、それぞれが目標を達成できたかどうかで評価すべきであり、人事評価も、目標達成率との関連で行われなければならない。

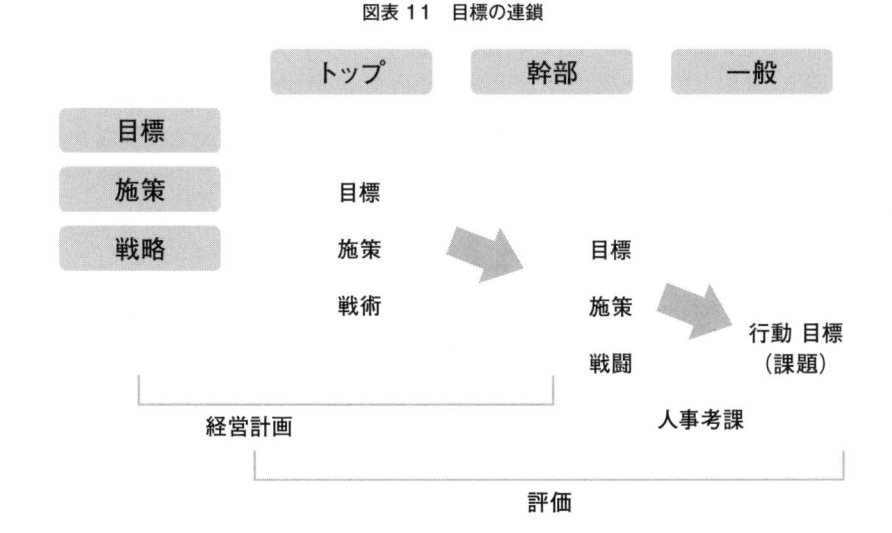

図表11　目標の連鎖

	トップ	幹部	一般
目標	目標	目標	
施策	施策	施策	行動 目標
戦略	戦術	戦闘	（課題）

経営計画　　　　　　　人事考課

評価

2．目標管理は間違えやすいので要注意

　1990年代の大型バブル崩壊後、人事担当者がふたたび飛びついた管理手法に目標管理制度がある。この時導入された目標管理制度は理論的には正しいのだが、上手く機能しなかった。その多くは、目標を上司と部下が納得づくで話し合えば、それが正しい目標であり、達成できるのが当然であると考えるところに無理があった。

　この種の目標管理制度は、乱暴なものであり、社員を追い込んでリストラする手段としても使われたこともあった。

　組織のスリーバランスを無視して、上司と部下の関係で対等な話し合いが成立すると考えたこと自体に問題があったのだ。

　その背景には、職能資格制度が安定成長の中で、企業で急速に普及していったことがある。右肩上がりの社会では、誰でも賃金が上がり、かつポジションが与えられた。ところが、バブルが崩壊し、市場規模が縮小したため、与えるポジションは減り、上司の圧力のみが強くなったのである。話し合って納得した目標だからといっても、それは、事実上、上司の圧力で納得させた一方的なものである。

　このために、導入した大企業を中心に目標管理制度は機能しなくなったのである。

○中堅企業の目標管理は生きている

　ところが、意外にも中堅企業の方が大企業よりも目標管理を機能させているところが多かった。

　大企業では、目標を設定する専門スタッフ部門があり、ここが理論的に目標を設定したり、ガイドラインを設けている。

　そうなると最初から目標が、事実上、ノルマとして与えられているの

であるから、目標を設定する時の話し合いは形だけのものになってしまわざるを得ない。

つまり、目標はすでに決まっているのに、それを形式的に確認するだけでは組織が動くはずはないのである。

これに対して、中堅企業は、トップと顧客の距離が短いために、市場の状況をメンバーから知ることができる。

だから、この目標は高いと判断される時は、トップがそれを調整するのを認めることもあり目標管理は生きていたのである。

○目標を達成する手段も話し合う

その反面、中堅企業が長期間にわたり低成長に甘んじているのは、目標の設定の仕方はよくても、その達成手段に思い切った発想が欠けていたことが多いからである。目標は数値にしろ、行動レベルのものであっても、それを達成するための施策がなくてはならない。この施策がないものが多い。どのようにして目標が達成するかの話し合いがなく、目標設定だけで終わり、後は自分で考えろと丸投げているものが多い。

大企業でも、本社スタッフが現場を知らずに管理資料だけで目標設定を行っている場合には同じようなことが起きている。

目標管理で大切なのは、目標だけを納得ずくで決めることではなく、その施策（やるべきこと）も話し合っていくことである。施策が明確であるならば、目標値は納得しやすいのだ。

上司が部下と話し合い、これなら出来そうだという方策が見つからないのは、上司の施策指導能力が足りないためだと判断してもよい。たんに圧力をかけて、目標を決めていくのであれば、組織活動は萎縮してしまうのである。

3．評価は目標設定時に始まっている

　仕事の進め方で確認しなければならないのは、仕事はそれを依頼した時に既に評価されているという事実である。

　目標との結果におけるズレだけが評価だと思い込んでいる人がいるが、それは間違いである。

　よく考えてみれば、仕事の目標を設定する時に、これ位の数値が出来そうなのは誰なのか、どの部門か、とまず考えるのではないだろうか。

　たとえば、1億円の売上目標を設定する時に、部下が5人いれば、単純に1億円を5で割って一人当たり、2000万円を担当させるであろうか、おそらく答えはNOであろう。

　1億円の内の4000万円を一人に、1500万円を2人に、残りの3人に1000万円ずつを。この差をつけることが現実的な手の打ち方である。

　この場合、4000万円を振り分けられた人材は、その時点で既に高い評価がなされていることになる。逆に1000万円を振り分けられた2人は相対的に低い評価となる。強い組織、伸びる組織は仕事の難易度が高い時ほど大きな目標を背負えるリーダー的な部門や人材が必要になるのである。

○リーダー的存在を意識的に集中して育てる

　そこで、組織を強くしようと思う時には、全部門を強くするためにも、まずリーダー的な部門を育てる必要がある。その部門に、集中的に投資していくのである。

　人間個人についても同じだ。営業部門では、トップセールスを育てることがだいじである。その人に見習って、他の人も成長できるように支援することである。

職場のメンバーの能力を底上げする時に、まずリーダー的存在となるトップセールスを育てないと成果が上がらないことが多い。私達は幼少の時から人材育成は平等におこなう（義務教育）という考え方があった。この考えは基本的には正しい。だから、チャンスは平等に与えることだ。

しかし、同じ研修を受講してもその効果に個人差が生まれることは否定できない。だから、その中でリーダー的存在を期待できる人間をキー・パーソンとして意識的に集中して育成していくことを忘れてはならない。

○高い目標と現実的な評価

高い目標は、達成が難しいことがある。しかし、評価の時に達成率は明確にして、未達成であるならば、そのことを組織メンバーに知らせなければならない。

一方で、目標値を低くして、達成率の高い人材についても、その達成したことを評価しなければならない。

それでは、出来るだけ目標値を低くして達成率を高くする方が有利ではないかと思うのも当然であろう。

組織を存続させるには、目標値を高くしてそれを達成しようと努力するキー・パーソンとなる人材が欠かせないのである。

目標設定時に評価がされているということは、リーダーとそのメンバーに信頼関係があるということだ。

そこで、キー・パーソンには達成の評価は厳しくしながらも、次の展開への期待、後継者として育てるなどの目標達成以上のものを評価することである。そして、目標値そのものが高いことを高いレベルで評価するのである。

リスクは無謀であってはならないが、リスクを無視して経営が成り立つはずがないのである。

4．目標値だけでなく
　　何をするかに注目する

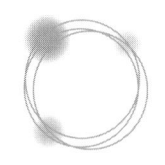

　仕事は目標との関連で進めていくものだが、評価はその目標設定時に既に始まっていることは前項で述べた。しかし、目標設定だけでは意味ない。

　目標設定と同時に、施策（方針・やるべき項目・行動項目）を設定すべきであり、これを重視することである。行動項目は、目標設定する時に同時に検討すべきものである。

　経営計画書を作成する時に、目標値の設定にばかり気を配り、施策の方は形だけですます傾向がある。これでは、経営計画書ではなく、経営目標書になってしまう。

○中堅・中小企業間にがある

　著者は、経営計画で中堅企業と中小企業を分けて見るようにしている。中堅企業は、目標設定だけでなく施策までがはっきりしている。
　それに対して、中小企業は目標設定だけの経営計画書が多い。
　これは、規模の大小ではなく質的な違いだ。
　中小企業では目標値達成のことばかりが話題となってしまい、「達成するために、どうするか」が出ない。これに対し、中堅企業は、施策がついているために、目標値達成のために「何をするか」のチェックができる。
　そして更に、「施策の効果が上がらなかった時にどうするか」を検討しているものもある。
　施策の効果がなかった時にはどうフォローするかが明らかになっていると、組織として何をどう変えなければならないかが明らかになってくる。それは仕事の面だけではなく、しくみ、人間、風土などにも、どの

ように手を打たなければならないかがわかり、これを行うことにより、組織のスリーバランスが高いレベルに保たれるのである。

○すぐれた中堅企業がこだわるもの

中堅企業でこれからも伸びるであろうと判断できるところは、目標の達成率だけにこだわらない。それは、余裕があるからだと言われてしまえばそれまでだが、やることがはっきりしているから余裕があることに気づいて欲しい。

目標達成率による予実績検討は、所詮過去の数値の検討をくり返すだけであり、いくらやっても役に立つ答えは出てこない。それよりも、何をしたかを徹底して検討することの方が、次に何をしなければならないかが分かってくる。本当にやるべきことをやったのか、どの位の頻度でどの位まで実施したかで、打った手の効果の詳細が分かってくる。したがって、何をするかを徹底して検討すべきである。

○何をしたかが信頼関係を高める

老舗である小寺商店では、銀座という立地でありながらも、バブルの大波に乗らないで堅実な道を歩んでいる。

それは、いたずらに大きな目標にアプローチすることよりも、地に足をつけた活動の方が企業を存続させることを知っているからである。

そして、何をすべきか、したかを常に顧客の身になって考えているのである。目標値（数値的なもの）は、何かの弾みで思いがけなく達成してしまうということがある。そのために、やるべきことをしなくても評価が上がってしまうということが起こりかねないのである。

実務的に目標の達成値を検討して思わされるのは、この人はやるべきことを、当初に約束したことを本当にしているかということなのである。

5. やらなくてもよい仕事をやめて
効果の高い仕事に集中する

　組織が上手く働かずに、売上が停滞したり、管理コストが増加してしまうのは、仕事に対する手の打ち方がはっきりしていないために起こることが多い。

　仕事を定義することは大切だ。この仕事を定義をする時には、「何のために何をするか」を明確にすることが求められる。

　タクシー会社で業績の良いところは、例外なしにお客様からの電話での依頼が多いという。

　さらに粗利益の高いところは、タクシードライバーの個人指名が入るという。逆に業績の悪い会社は、駅前のタクシープールにタクシーを止めて、お客様に乗車していただくのをじっと待っている。

　このじっと待っている時間を仕事と見てよいのであろうか？　朝から晩まで並んで大変だと思うかもしれないが、タクシープールに並んでいることを仕事としても間違っているとは思えない。しかし、このタクシープールにいるドライバーもお客様から依頼の電話が入るようになれば、駅で並ぶのを止めるだろう。

　問題は、お客様を迎えに行きたいのだが、その依頼の電話が入らないことにある。

　どんな業界でも顧客側から依頼されたり、指名をいただける仕事は粗利が高い。

　だから、仕事のポイントは何か考えてみるだけで、付加価値の高い仕事を見つけるチャンスが分るのである。

○顧客が求めているものとのズレはないか

　現在にしている仕事と、その部門（仕事）に求められる仕事がしっか

り相関しているかということだ。

　仕事は量ではなく質だということをよく聞くが、そんなことはない。仕事は量があって質を伴うものだ。その仕事の量をこなす中で、業績に差をつけるポイントとなる仕事の部分はどこか、どのように改めたらよいかを発見していく。これが仕事の質の向上である。この点に気がつかないと、仕事の質は向上しないのである。上記例の場合、漠然と駅前のタクシープールに並んでいるよりも、何をしたら顧客からの依頼電話（さらには指名電話）が多く入るようになるかを集中して考えることである。

　また、タクシープールで待機する効果的な時刻は、何時頃かもその気になって調べて待機時刻を絞れば、仕事の質はかならず向上するのである。

　要は、冷静に分析して目標達成に有効であろうと思われる仕事部分の改革に思い切って集中してみることなのである。

6．仕事は失敗することを含めてやらせる

　仕事をするならば、何が何でも成功させたいというのが本音であろう。それでは必ず成功するかというと、仕事は失敗の方が多いと考えた方がよいだろう。

　プロとアマの差は、何かと考えてみると、野球であればプロは３割、アマは２割前後打てるという差でしかない。つまり、アマとプロには、たいした差がないと考えてもよいが、実はこの１割の差が大きいのだ。

　私たち著者は、コンサルタントという仕事をしているが、カリスマ・コンサルタントという言葉が好きではない。そう言われることもあるが、自分ではカリスマだと思ったことはない。ただ証明しているのはコンサルタントという仕事を40年間続けることができたという事実だけだ。だから仕事を依頼された時に、「きっと上手くいきますよね」と言われた時に、「まあ野球でいえば打率３割位でしょうね」と答えている。

　つまり、７割はなかなか上手くいかないということなのだ。だから、若いコンサルタントには大成功することよりも失敗しないことが大切だと話している。そして、クライアントと一緒に試行錯誤を繰り返すことが成功率を高めると強調する。

　これはコンサルタントに頼むだけで、自分は何もしないでも業績が上がると思い込んでいるトップは多いからだ。

　よく考えて欲しいのは、本来、仕事は７割方はスイスイとはいかないものだ。業種に関係なくこの比率なのである。

○７：３の法則

　だから、まず３割の成功を目指して、クライアントと一緒にやってみるのだ。

仕事の７割はなかなか上手くいかないものだと割り切れば、まずは自分は３割に入るのではなく、７割に入ると覚悟できる。社会生活での問題解決と学校の授業とでは大差があるのだ。
　大切なのは、７割の失敗する場合でも、出来るだけ成功に近いところで失敗することだ。それは、成功に近いところであるならば、こうすればよくなるというフォロー手段が、分かるからだ。
　コンサルタントとして若い頃には絶対に成功しようとしたが、そのために、かえって失敗をすることが多かった。そこで、最初からあまり上手くいかないと思われるコンサルティングでは、常に次は何をしたらよいかも考えておくことに変えた。これは、転んでもタダでは起きないという考えに通じるものである。
　長年、トップの方とお付き合いをしていると、この７：３の法則を知っている人が多い。
　それはトップの自分がやっても、上手くいかないことを外部の人に依頼するのであるから、これは難しいなと本人も考えているからである。

○次の手を考えておく

　そこで失敗しても、次の策があればよいと腹をくくっておくことが必要だ。
　組織の中で仕事をやらせる時は、失敗を前提とするのではなく、失敗しても次の策があればよいという気持ちやらせることなのである。これが出来る人が仕事名人と言われる人なのだ。
　これが、失敗を含めてやらせるということであり、失敗のやらせっ放しとは全く違うことなのである。
　これまでに見てきたトップセールスという人達は、意外にも過去に大きな失敗をしている人が多い。とくに多いのは、不渡りを掴ませられることである。余りに多くの売上を１つの取引先に集中してしまい、その

結果、代金が取れなくなって、気がつくと、その取引先は倒産してしまうのである。このようなことは体験からしか学ぶことができない。経営者として成功している人は、過去に大病をしたり、大きな失敗を体験して、そこから立ち直っている人が多い。

　これらはセミナーや本から学ぶことは難しい。

　体験で学習したトップはスランプから脱出する時にも強い意志力を持っているのである。

○三面等価の原則を活用する

　責任と権限は一つにして仕事を任せるということは、容易に理解できる。ところが、義務（報告・連絡・相談）については十分に理解していないことが多い。仕事を任せるとは、勝手にし放題にすることとは別のことなのである。

　この三面等価の原則を活用できないがために、大きな失敗をしてしまうことになるのである。（第2章参照）

　実際、メンバーに仕事を任せる時は、責任の部分はある程度はっきり出来るが、権限についてははっきりできないこともある。定型的な仕事であるならば、自分でやってよいということは、明らかにできるが、非定型的な仕事では難しい。

　そこで、「好きなようになってみろ」ということになる。これが仕事のレベルを高めることになる。

　しかし、それでは権限を大幅に越えてしまうことになりかねないので、義務（報告・連絡・相談）を求めることになるのである。

　現実問題として、より高度な仕事をメンバーに達成してもらうには、権限と責任を明らかにするだけで仕事を任せることは難しい。

　しかし、義務をベースに置くことにより、失敗をできるだけ小さくすることができるのである。

7. 成功例の情報でも
あてにならないものがある

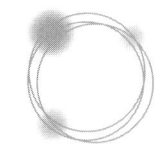

　仕事は、まず目標を設定して、これに対してアプローチする。その結果で、目標を達成できたかできなかったかを評価するのであるが、この3つのプロセスの中で大切なのは、評価である。それは、仕事の評価は、次にどうするかを考えるスタート時点となるからだ。しかし戦略経営の領域では、環境分析と目標設定にばかり時間が使われ過ぎている感じがする。だから、設定した目標を達成できた時、達成できなかった時に、果たしてどのような手段が用いられたかを充分にチェックしてみることが必要となる。

　建設業は政府の景気対策の影響を受ける。景気対策のお陰で、建設業などは目標値を大幅に越えてしまうこともある。そのような時、目標を達成しているのであるから、結果は問題ないと判断してしまう。しかし、このように業績の良い時に建設業トップに聞いてみると、なぜ業績が良かったのか分からないという言葉が多い。

　単に行政からの発注が多かったので、自分たちは幸運だったというだけである。これでは、自分たちの仕事が今、どうなっているのか分かっていないところに通じる。経営的にみると、その代表的なものが災害だ。例えば、三陸大津波の後は、多くの人が10年間は復興需要があると言った。しかし、10年間復興需要の背景となる環境変化について聞くと、全く返事がないのだ。

○売れる背景が分かっているか

　循環型エネルギーの太陽光発電は、20年間需要は十分にあるというが本当だろうか？
　仕事の結果の測定・評価もよく分からないものは疑ってかかることだ。

ファッション関連の企業が倒産しやすいのは、本人達の努力の如何にもよるが、実は何となく売れゆきが伸びていた例がある。何となく流行に乗っていたのである。ナショナルブランド、デザイナーブランド……といったものさえ、実体があったのかどうかといえる。
　実は、あのブランドは○○で伸びたという理由づけは、その殆どが後づけであったということだ。ファッションカンパニーが経営的に行きづまるのは、成功したブランドが出るとそのバイブランド（近いブランド）をつくることにかなりの原因がある。これは、社会の流れに近いものであるから、最初は成功する。ところが、どんどん近いブランドが各社から売り出されて、共食いを始めてしまうのである。
　そうしてブランドを増やしている内に、やがて核となるブランドをも喰ってしまい、それと共に在庫が増え、結果として倒産してしまうのである。だから、売れるのは短期間と割り切らねばならない。
　だから、賢いトップは今は良くても、それを一時の出来事としか受け取っていないのである。

第5章
組織を支える人材の育成・活用

「老舗に学ぶ」

教わるより教える方が育つ
〈京都 田中直染料店〉

1. あの人は仕事ができる！の2つの意味
2. 人が育つ場面づくり
3. スキルズマップで戦力を把握する
4. 「やる気を育てる」教育を諦めない
5. 人を育てる人事評価と潰す人事評価
6. 内部よりも外部で認められる人材になる

「老舗に学ぶ」
教わるよりも教える方が育つ
〈京都 田中直染料店〉

老舗の風格が感じられる本店

　老舗といわれるところと永年関係していて、なんでこの店は何百年も続いているのだろうと考えてみると、そこには人の力が継続して関係していることがある。

　どんな老舗であっても、100年前と全く同じ商品を売っているということはまずない。その変化に対応するためには、継続する人の力が欠かせない。

○日本のお歯黒文化を支える

　お歯黒は、すり潰した鉄粉を酢の中に浸し、ふしの粉と練り合わせて歯に塗るものである。江戸時代以前は女子が成人した時に用い、上流社会の婦人達の間で流行した。これが江戸時代になり、結婚した女性が一般的に用いるようになったのである。

　株式会社田中直染料店は、このお歯黒に使う木附子（木附子は商品名、五倍子は植物名）を扱い、江戸時代から明治にかけ関西地方の市場を押さえていた。

今日では、木附子は布の染め物用として広く使われるようになっている。
　田中直染料店は、1733年（享保18年）、京都の松原烏丸西で田中太兵衛が荒物染草（ふのり、ももかわ、天産物）問屋を創業、現社長で9代目となる。
　田中直染料店は、お客様に正しい情報を伝えなくてはならないと考えて、田中直染料店の考えを小冊子として出したのをきっかけに出版部門として株式会社染織と生活社を設立した。株式会社染織と生活社は、染めに関する書籍を発行し、今でも業界に確固たる地位を得ている。

○顧客の変化に対応する

　しかし、顧客は大きく変わっていった。前社長8代目の時代はプロの材料で素人が物作りをする工芸を求めるニーズが増えた。そのための材料を売ることを目的としていた。その頃は、プロのレベルになりたいが、人について教わることを嫌う人が増えていたのである。9代目になり、それが更に変わってきた。
　この変化に対応するために田中直染料店では、この頃から染め物教室を行っている。染めの技術を身につけるには時間がかかる。それを行ったのだ。

○顧客育成型営業

　田中直染料店では、古くからお客様の相談に乗るということをしてきた。今日においても、お客様に染料についての情報提供やそのための講習会を社員が行っている。
　よく言われることだが、教えてもらう人よりも教える方が人が育つという。

あの人に教わってよかったということは、人から高く評価されることであり、まして顧客からの好評価となると、教えた方にとっても大きな動機づけとなり、更に能力が伸びるものである。

老舗が老舗であり続ける。

一流店が一流店であり続ける。

それは、一流のお客様が長年にわたって、その老舗の人の能力を伸ばしているのである。

田中直染料店は、講習会・刊行物に組織メンバーをかかわらせることにより、教えることを通して社員を育てている。これを顧客育成型営業という。それが顧客の固定化とブランドアップにも繋がっているのである。

田中家家訓は、ベーシックであるが、今日においても十分に通じるものがある。いつも地味で堅実であるということが、教えることに関わる人達に受け継がれているのではないだろうか。

更に染料認定講師制度を導入し、社員は元より、顧客にも染色の指導と商品の販売を委ねる家元制度「染道」へ踏み出している。

図表12

田中家家訓

一、来客ヲ丁寧ニスベシ
一、注文品ハ吟味シテ目方等相改メ利口ニ取リ扱ウベシ
一、毎日売記ヲ改メ、夜毎スルベシ
一、但、主人用アレバ店員致スルベシ
一、毎夜宿ヤ出シ、注文知リテ送ルベシ
一、買物ハ必ズ買物帳ニ毎夜簿記スルベシ
一、但、買大帳ニ、五日目毎引上グベシ
一、毎夜ツリ銭合算シテ置ク事
一、売上金毎夜（多少ニ限ラズ）改メ入レルベシ
一、出入間算必ズ五日目ニナスベシ
一、送金約定日ヲ忘レズ堅ク守ルベシ
一、売大帳ニ売記ヲ引上ゲヲ（五日目、十日目）必ズ引上ゲルベシ
一、非常ヲ守ル一略タルベシ
一、印形事ハ主人自ラスベシ然シテ債証人印堅ク断ルベシ
一、日々仏前ヲ拝スベシ
一、通帳ハ主人ニ預ケルベシ、入用アレバ相談シテ買ウベシ

1．あの人は仕事ができる！の２つの意味

　仕事ができるという言葉には、２つの意味がある。１つは、仕事をして、それが成果となって表れているという意味であり、もう１つは正しい仕事の進め方をしているという意味である。
　この２つは一見別々のもののようであるが、そうではない。前者は仕事の結果としての評価であり、後者は人材育成の対象となる仕事の仕方の評価である。
　教育では、仕事の正しい仕方を教える。だから、その通りにやれば成果が上がるはずである。ところが、そうはいかないことが多い。
　だから人材育成をする時は、正しいやり方を何回もやらせることである。このことをくどい程にやっているのが老舗である。正しいやり方をやらせていれば、かならず成果が出てくるというのだ。
　営業人材の育成をして感じるのが、基本はしっかりしているのに成果として表れない人がいるということだ。これもやらせることを途中で諦めてはいけない。
　人材が育たない企業の特色は、短期間で成果を求め、うまくいかないと諦めてしまうことにある。人を仕事の中でじっくり育てるという考え方が欠落しているのである。

○育成の場面づくりを工夫する

　この正しく仕事をしている人間を成果に導くためには、仕事の中でチャンス（場面）を作らなくてはならない。
　せっかく部下指導研修を受講したのに、それを職場で活かしている部下がいないという声を聞く。確かに場面がなければ活かすチャンスはない。

人が育てている組織を見ると、職場でいろいろな仕事を部下に体験させる場面を意識的に与えているのだ。
　老舗の採用面接に立ち会った時に、「最低10年やってみて、やっとものになるかどうかですよ」というと、それはないだろうという顔をする応募者が多い。逆に、その間を保証をしてくれますかと言い返してくる応募者もいる。その人が育つか育たないかは、本人の自己責任であり、それを組織が保証するものではない。しかし老舗では、人が育つための支援は職場でかなりしているのだ。
　それは、サービスの基本となる店の掃除をさせたり、包装をさせたりという単純なものから始まる。

○工夫された料理人育成方法

　老舗の料理屋には、追い回しと言われるものがある。老舗料理屋の店主に聞いてみると、追い回しという言葉は悪いが人を辞めさせるために昔からあるというのである。料理の業界は厳しく狭いから、諦めるのなら早い方がよいと言い聞かせる。それが追い回しだというのだ。きびしいようだが、面白いことに、このような老舗を辞めた人がその店に遊びに来たり、何よりも辞めたところを悪く言わないそうである。きびしくても老舗のよい教育システムなのである。
　しかし、追い回しできびしさばかり言い聞かせていても、人は育たない。そこで、必要になるのが、仕事の中で場面を与えて能力を身につけていくという育成法である。
　すぐれた老舗の料亭では、追い回しで終わることなく必ず次の場面がある。次のステップでは、例えば八寸と言われる盛りつけの方法である。料理を言われた通りに盛りつけるのであり、これも力をつけてくると皿とのバランスを見て、自分の判断で盛りつけてよいことになる。その後、揚げ方、煮方と進んでいくのである。

話は変わるが、料亭の仲居教育では、最初から畳の個室を担当するのではなく、椅子に座れるテーブル席を担当させるという。料理はテーブルに出すと引くの2つがあるが、引くことからスタートする。それは、引くことの方が出すことよりも易しいのである。料理を出す時は、
・どちら向きに出せばよいか
・前の料理が残っている時はどうするか
・料理の説明をどうするか
といったことが即座に出来なければならないからだ。
　これに対して、料理を下げるという行為は、基本的にはお客様にぶつかったり、残った料理が落ちたりしないようにさえすればよい。仮に、食器を落として割ったところで、被害は限定されるのである。
　料亭の世界では、このように人材を育成するチャンスを仕事の中にいろいろ考えて与えている。最終的に料理人は花板となるのであるが、花板の腕前だけでなく、やがては創造性や管理能力が要求されるようになる。
　そのために、板前修業は一ヶ所ですることもあるが、店を変えて諸地域の食材などに接することもある。
　これが本来、流れ板の語源なのだが、いつの日からか庖丁を一本持って移り変わっていく人を言うようになったようだ。

図表13　料理人のヒエラルキー

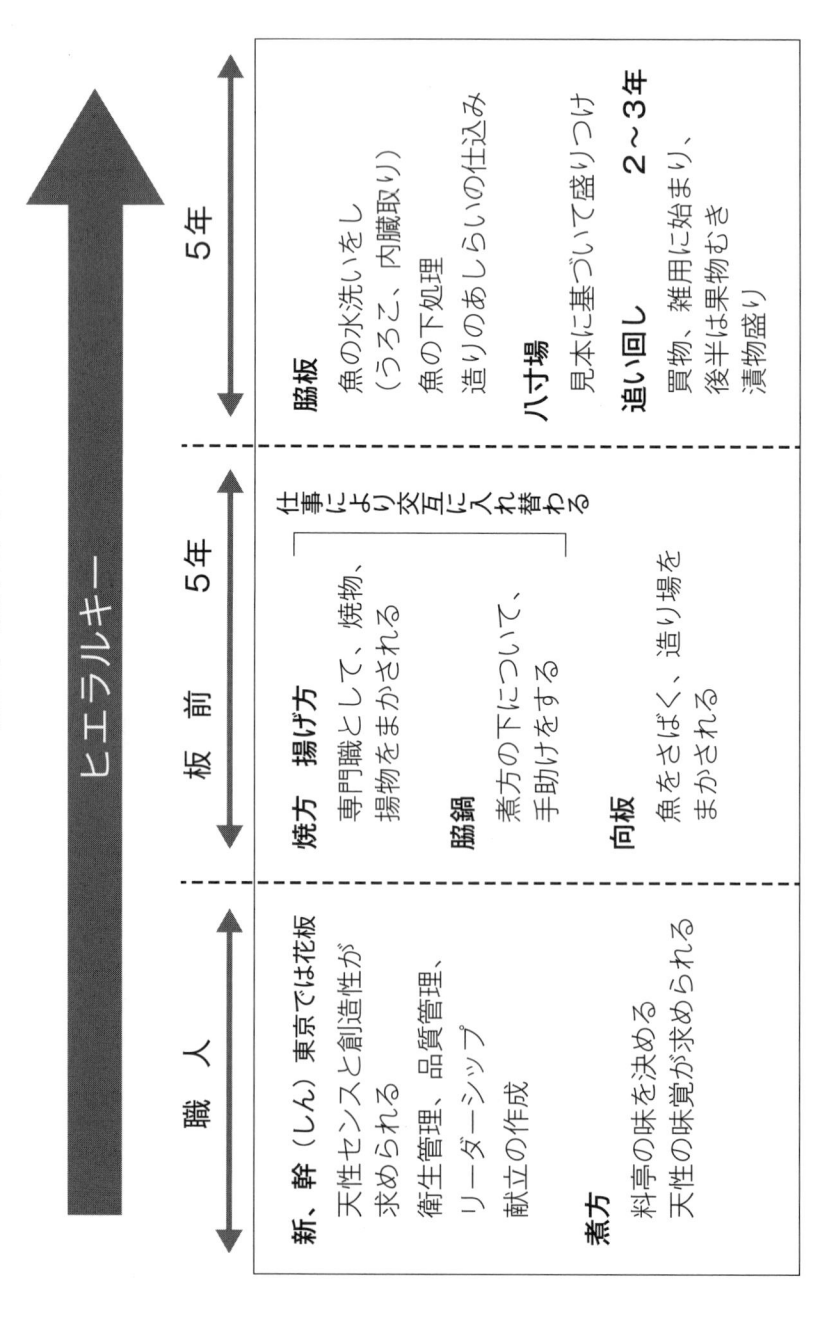

ヒエラルキー ↑

職人

新、幹（しん） 東京では花板
- 天性センスと創造性が求められる
- 衛生管理、品質管理、リーダーシップ
- 献立の作成

煮方
- 料亭の味を決める
- 天性の味覚が求められる

板前　5年

（仕事により交互に入れ替わる）

焼方　揚げ方
- 専門職として、焼物、揚物をまかされる

脇鍋
- 煮方の下について、手助けをする

向板
- 魚をさばく、造り場をまかされる

5年

脇板
- 魚の水洗いをし（うろこ、内臓取り）
- 魚の下処理
- 造りのあしらいの仕込み

八寸場
- 見本に基づいて盛りつけ

追い回し　2〜3年
- 買物、雑用に始まり、後半は果物むき、漬物盛り

2．人が育つ場面づくり

　人材育成となると、何か教えなくてはならないと思い込みやすい。トップは人を集合教育で育てると言うが、それだけでは難しい。
　そもそも、余程大幅にしくみにしない限り、集合教育に、高度なことまで期待しない方がよい。
　人材育成は集合教育だけで終わらず、仕事の中に場面を与えることにより、受講者が教育・研修に参加したことで自分の足りないと感じるところを補修できる。
　人を活かすとは、何と言ってもこの場面づくりがスタートとなる。海外旅行をすると楽しいことと同時に、不便を感じることがある。誰でも一度は体験したものに、レストランに入ってメニューを見て注文しようと思っても、書いてある内容から料理がわからないのだ。
　そこで感じるのが、料理の勉強をしよう、外国語が読めるようになろうと考える。ここにも人材を育てるチャンス（場面）がある。
　次の旅行の時はもっと勉強をして来ようと思うものだ。
　今回は、英語圏に行ったから次はフランス語圏に行こう。英語は分かるようになってきた、次はフランス語に慣れようと思うのである。これと同じしくみを仕事の中に入れることが人を育てられる。

◯場面活動での人材育成

　トップ、リーダーは、人材育成は一生懸命やったところで、目標値達成よりも評価されることはない。だからという訳ではないが、出来るだけ手をかけずに人を育てることを考えるのだ。
　会議の場面などで、誰が進行役をしているであろうか。
　部会議ならば、部長

課会議ならば、課長

となっていないだろうか。

　会議の場面での部長、課長の役割は誰かを進行役に決めるということにある。進行役は思い切って、若い社員にさせてみることも必要である。今まで隅にいて、あまり意見を言わなかったのに、話さなければならない役割を与えると急に前向きになるものである。

　そして、部長、課長は最後に一言

「いろいろな意見が出た。それでは今回はこうしてもらう…」の一言でよいのである。

　これにより、若い社員は事前に情報を収集しなければならないことから、自ら勉強をし、成長することができるのである。

　このような人が育つ場面は、組織の中には気をつけてみれば沢山ある。

図表14　場面活用での人材育成

場面	活用例
会議のとき	1．会議を進行させる 2．会議のとき、抱えている問題点を討議し、検討して解決する
クレーム発生	1．クレームが発生したとき、速やかに現状を把握させ、それに応じた解決方法を指導し、報告させる 2．車両事故発生時、状況を報告させ、対応方法を指導し、処理する。
社員に問題が生じたとき	1．スランプに陥ったとき、問題点を認識し、どのように解決するかを話し合い、解決方法を探し出す 2．得意先と馴れ合いになったとき、弱みを握られないように日々の一線を引くように指導する
行事のとき	1．事務局、幹事をさせる 2．展示会のとき、新商品を勉強させ、明日の営業に役立たせるように指導する 3．自分の立場（社外のとき）を認識し、節度ある行動をとり、親睦を深めるよう行動の取り方を指導する
同行営業のとき	1．メーカー同行時に、メーカーのノウハウを吸収し、社内マル秘情報を漏らさないように指導する 2．配送同行時に、的確な搬入方法および現場マナーを指導する

3．スキルズマップで戦力を把握する

　人を育てる場面を考える前提として、現在はどれ位のことが出来るから、次はどういう場面を与えたらよいかを判断しなければならない。そのための手法にスキルズマップがある。

　スキルズマップは、IT業界等で何が出来て何が出来ないかを一覧表にして、人材育成に役立てるために広く使われているものだ。

　一方の軸に、スキル（出来る仕事）、もう一方の軸を個人をとり、その交点の仕事が出来るのか、出来ないのかをチェックして一覧表にしたものである。スキルの軸から見て評価の低いものは、その職場全体の問題点となるものであり、組織をあげて取り込んでいかなくてはならない。（図表―15参照）

　一方、個人別に見て、その人だけが出来ない仕事があるならば、卒直に本人にそのことを話して、自ら努力してもらうことである。よく自己啓発というと、本人が自主的に行うものだと考えがちだが、上司・先輩も関わった方が、能力は把握できるし、更にこう勉強したらどうかとい

図表15　スキルズマップ

スキル ＼ 人	Aさん	Bさん	Cさん	Dさん	Eさん
○○のチェック	○	○	△	×	○
△○のまとめ	×	×	△	△	×
××の作成	○	△○	○	○	△
□□の説明	×	×	×	△	×
AAの	○	○	○	○	○

→ ×の多いものは職場全体で取り組む

↓ 他の人ができていて、特定の人の×については個人対象で取り組む

う方向づけも出来るのである。

○ベテランは必ずしも能力が高くなくなった

　建設業でスキルズマップを導入したところ、初期の段階では社員が反応しなかった。ところが、暫く続けていくと、必ずしもベテランと言われる人のスキルが高くないということが分かってきたのである。

　それは、最近の土木技術が変って、ITスキルが広く要求されるところがあるからだ。

　スキルズマップを一覧表にしてみたら、必ずしもスキルが高くないベテランの人達の方が給料が高いという不満が若い人達から出てきたのである。

　通常、このような不満は漠然とした中から出るものなのであるが、はっきりしたカタチで出てきたことを前向きに利用して、組織変更や人材育成の行いやすい環境をつくることが出来た例もある。その結果仕事は改善され、人が育つようになってきたのである。

　よく中堅企業で若いメンバーに、下から上を突き上げて欲しいということを言うが、これは難しい。これは、トップリーダーが自分の果たすべき役割を放棄しているに過ぎない発言である。下からの突き上げに期待するよりもスキルズマップを利用すべきだろう。

○求められる能力は時代と共に変わる

　仕事に求められるスキルは、時代と共に変わっていく。とくに、新しい技術の吸収は若い人材の方が早い。これは、どの業界でも例外はないであろう。それにも関わらず、「この道一筋何年」という言葉がひとり歩きして、新しいスキルを身につけようとしないベテランがいる。本当にこの道一筋なのだろうか。

これは、「この道一筋」の取り違えである。ベテラン社員にも、長年にわたり勤めてもらうためには、新しい時代のスキルを修得させて、レベルアップさせるチャンスを作って与えなければならない。

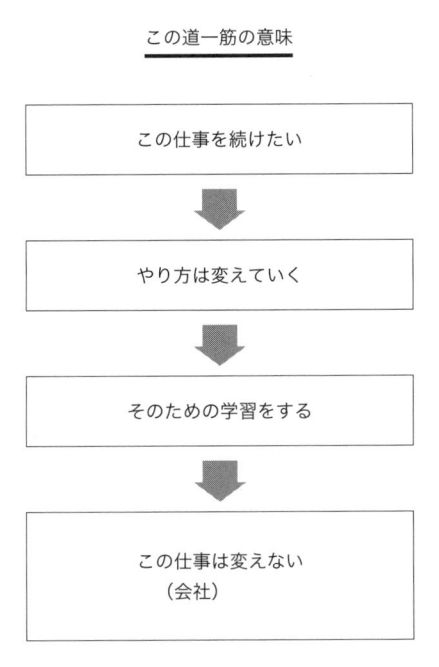

この道一筋の意味

```
┌─────────────────┐
│ この仕事を続けたい │
└─────────────────┘
         ↓
┌─────────────────┐
│ やり方は変えていく │
└─────────────────┘
         ↓
┌─────────────────┐
│ そのための学習をする │
└─────────────────┘
         ↓
┌─────────────────┐
│ この仕事は変えない │
│    （会社）      │
└─────────────────┘
```

4.「やる気を育てる」教育を諦めない

　長年コンサルタント業界にいると、奇妙なパンフレットを見ることがある。それは、短期間の研修で、「社員が前向きになる」「社員のやる気を高める」というものだ。この文句は、中堅企業の経営者には、グッとくるキャッチコピーなのであろう。実に多くの教育研修団体がこのようなキャッチコピーを多用している。

　長年にわたり、研修の効果測定について研究をしてきた。その結果、研修を通して人をやる気にさせるということにはあまり自信がない。

　それは、人を見てあの人はやる気になったと感じるのは、2つのものがあるからだ。1つは、その人の行動であり、もう1つはその人の考え方である。

　私達は、その人は行動を通してやる気になったのではないか、行動を通して考え方が変わったのではないかと推測する。

○人のやる気の階層構造

　それは、人のやる気は階層構造になっているといわれる。人は、生まれてから3年以内に気質を形成するという。たとえば、何となく気が小さい方だとか、大らかだという程度の把握で、これを把握できるのは、親など回りにいる人である。(図表—11 参照)

　ところが、やがて外に出て学校に行くようになると、性格を形成すると言われる。内向的、外交的と言われるようなものだ。この性格は、学友がいちばん知っている。ところが、社会に出てしばらくして会ってみると、また「あの人は変わったな」ということを感じることがある。「あの人は営業なんて出来ないと思っていたのに、活発な営業マンになったな」というものである。

そして、「あの人は社会に出て苦労したから変わったたのではないか」と思うのである。

○環境が人を変える

たしかに、これは営業という環境に置かれることによって変わったのである。これがやがてその人の考え方や価値観を形成していく。このように、階層的に育てられたものが１回の研修で大きく変わってしまうということは、あまり考えられないことなのである。

変わるのは、人の価値観の外側にある行動なのである。例えば、研修で規律正しい行動や、大きな声を出す訓練をすると、しばらくはそれに慣れて大きな声になるということがあるのだ。これを見て、あの人は変わったと思うのであるが、しばらく経つと元に戻ってしまうのが殆どの場合である。

それでは、どうするか。人を変えるには行動に働きかけて、それを繰り返していく中で、自分自身で行動の仕方、さらには考え方を変えてい

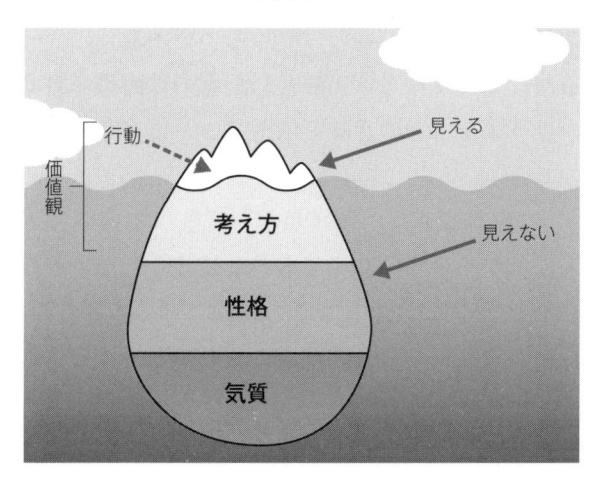

図表15

く方法が好ましい。それをあきらめずに繰り返すには、職場の環境作りが大切なのである。

　すなわち人が育つ環境である。

　組織で考えなくてはならないのは、この環境作りと繰り返し行動させることを飽きずに行うことである。それは、根気のいることであり、面倒臭いことである。しかし人材が育っている企業では、このことを実にしつこく継続して、諦めないのである。

○顧客育成が人を一人前にする

　人のやる気を高めるには、仕事の中で人を育てる場面づくりをすることである。京都の老舗田中直染料店では、染料を売るだけではなく、染め方を教える。その資格を取らせるということをしている。これも育てる場面作りなのである。

　人に１時間教えるには、その３倍の３時間勉強しなければならないというが、実際にはそれ以上勉強をしなければならない。そして、何よりも教える中に、なぜそうしなければならないかという、そうすることの意味＝価値観を入れることである。このところを徹底的に指導することにより、メンバーの考え方が変わってくるのである。

　ただ教えるだけであるならば、録音したものに画像を見せれば十分なのであるが、そうすることの意味を伝えることにより、本人もその気になってくるのである。

　例えば、「この容器は使った後はかならず洗って保管して下さい」と話すと、本人自身がやっていなくても、なぜそうしなければならないことを理解させることにより、本人もその気になってくるものなのである。

　これが、行動から入って考え方が変えていくというところに繋がるのである。

5．人を育てる人事評価と潰す人事評価

　仕事は忙しいですかと質問をすると、10人が10人忙しいと答える。ところが、よく見ていると、「そんなに忙しくないのではないか」と感じることがある。それでもみんなそれぞれが一生懸命仕事をして忙しがっているのである。
　しかし、この忙しい、一生懸命やっているというのは個人差があることに注意しなければならない。
　人を評価するということは難しいことであるが、人事評価の本質的な意味は人を育てるということだ。多くの人事コンサルタントが、人事評価のしくみを作っても、それを満足して活用することは、はっきり言って難しい。人事評価は再検討や修正の繰り返しを行わなければならないからだ。
　人の真の評価は、平等に行われているといわれるが、それは公平にという意味ではない。組織運営においては、人の能力の差異を確認することが平等な評価なのである。

○差があることが平等とは

　人事評価における真の平等とは、能力の差を確認することなのだ。だから、この差を確認することが平等な人事評価であることを社員が理解できないのであれば、人事制度は機能しないのである。
　能力の差を確認することは、その人が満足しているところとそうでないところを明らかにすることである。そうして、この足りない部分を満足するレベルまで向上することが、人材を育てることになるのである。
　幹部・社員と人事評価について話していると、会社の今期は業績が良かったから、全員SかSAの評価でよいのではないかという主張をよく

聞く。

　このような幹部に限って、逆に業績の悪い時は全員D、Eの評価でよいのではないかと主張をする。

○人を潰すのは

　人事評価で人を潰すのは、制度ではなく、トップ、リーダーという評価をする側にあることが多い。

　それは、人事評価の制度に基づいて話し合いをしたところで、決定権はトップ、リーダーにあるからだ。だからといって、決定権がトップ・リーダーにあることが悪いことではない。正しい評価ができないところに問題があるのだ。

　経営計画の達成度によって、トップ、リーダーは評価される。これは理にかなっているし、正しいことであるといえる。ところが、その経営計画の評価をそのまま部下メンバーの人事評価に持ち込んでしまうことから、混乱が起こり、人が辞めてしまうのである。

　それは、人が育つ組織は業績のよい部門が多いからだ。業績がよいと人事評価が良くなるから、メンバーが自分のやっていることに自信を持ち、伸びることになる。

　ところが、業績の悪いところでは、人事評価も悪くなるのであるから、自分のやっていることに自信が持てないのである。

　人が育つとは、快感をいかに体験させるかにあるということだ。

　何も評価がきれいな正規分布をすることが正しいとは思わない。それだからと言って、会社の業績がよいから評価を全員良くし、業績が悪いから全員の評価を下げるというのが正しい人事評価とは言えない。業績が良い中でも、効果的に働いた人とそうでない人がいるのが現実だからだ。

　幹部が、正しく人を評価する目を持っていることが人材育成の基本と

なる。
　それができないのであれば、人材育成は砂上の楼閣に過ぎないのである。

○お客様の評価が人を育てる

　組織を正しく見ているのは、お客様である。
　組織の業績に収入が連動するのは、ごく一般的なところであろう。
　それでは、業績が良く、収入の高い組織のメンバーが活き活きしているであろうか。必ずしもそうではない。
　これが組織の微妙なところである。
　業績が上がっていて、収入の高い大きな組織のメンバーから、「給料が高いから辞められない」という言葉をよく聞く。その言葉の裏には、自分のやっている仕事が業績に貢献しているのかどうかがよく分からないということが多い。
　一方で、老舗と言われるところでは、収入が多いということはあまりない。それにも関わらず、メンバーは活き活きしている。これは、老舗がお客様の反応を直接メンバーに伝えることが出来ていることにある。だから永く続くのだろう。

6．内部よりも外部で認められる人材になる

　内部が認める人材よりも外部が認める人材がだいじだというと、それはとんでもないと思うかもしれない。しかし、組織を支えている人材は、外部から見て「ああいう人がいたらいいな」と思える人材なのだ。

　また、同じことをしても上司から誉められるよりも、他社のトップや外部の人から、つまり遠くの人から誉められた方が嬉しいのは、人の本質的な側面ではないだろうか。

　こんなことは誰でも経験しているはずである。何か行動をした時に、親から誉められるよりは、近所の人や学校の先生に誉められた方が嬉しい。社会的に広く評価されたからだ。

　経営後継者に尊敬する人物はと聞くと、自分の両親よりも祖父母であることが多い。人は身近な人よりも、遠い位置にいる人の評価を重視する傾向があるのだ。だから、中堅企業の営業で大切なのは、外部の人をできるだけ会社に連れてきて、メンバーと会う機会を作ることだ。

○外部の人が組織も育てる

　それは、外部の人が自社に来れば、その人に自分の会社の諸事について説明しなければならない。営業という仕事は外で活動する時だけでなく、このような機会も活用しなければならない。

　そして、折角外部の人が来たならば、その人に「いい会社ですね」と言われるように指導する。この努力が人を育てるのである。

　これが前述の顧客育成型営業活動である。プレス業会社のコンサルティングをしていた時、新規顧客開拓を進めようと考えて、何人かの新規開拓見込み客を自社のプレス工場に招待したのである。現実、それを行ってみるとその顧客の発言や質問から、今まで気がつかなかった工場

の問題点や改善すべき箇所をガイドした社員が見つけ出したのである。そして不思議なものだが、そのことを大事な顧客からの提案として、ガイドした若い社員がトップに対して熱意のある口調で伝えたのである。

　そして、何よりも嬉しいことにふだんは頑固なトップがその言葉に従ったのである。これは第三者の視点は人を育てる、企業を変えるのに役立つことを示す実例である。

○顧客の誉め言葉も人を育てる

　外部の人の見る目は面白いと感じることが多い。老舗の高級洋品店で、お客様がその店を誉めるのを聞いていて、何ほどと思うことがあった。

　各界のトップの人がよく来る老舗で、「おたくのお店は、社員がしっかり挨拶をするね」と羨ましがるのである。老舗の高級洋品店であれば、高級な商材や最先端の商品知識がある社員を誉めるのではないかと思うが、挨拶のよさを誉めるのである。この店のオーナーによると、「あのお客様の一言は、有り難い」というのである。高級品店は、人を幸せにするのと同時に、人を狂わせてしまうところもあるからだ。目の前で自分の給料の何倍もする商品をさり気なく買っていく。そんな人達がいるということを知ると、どうしてもねたみ心が態度に出てしまうこともあるからだ。そんな時のお客様の一言が、自分達の商品知識やセールストークの巧みさだけでなく、基本的な挨拶まで誉めてくれるので、基本的マナーの重要さを知り、更にシッカリとした応待をしようと前向きな気持ちになるのである。

第6章
組織の動きを促進するしくみを作る

「老舗に学ぶ」
「しくみ」による撤退の美学
〈下備後屋 近藤家〉

1. しくみは「論理」か「勘」か
2. しくみは仕事単位に決める
3. 守備範囲はしくみでは決められるか
4. 会議・ミーティングをどこまであてにするか
5. しくみを引き戻す力を逆活用する
6. 「当たり前のこと」に少し工夫を加える

「老舗に学ぶ」
「しくみ」による撤退の美学
〈下備後屋 近藤家〉

歴史を感じさせる下備後屋近藤家の佇まい

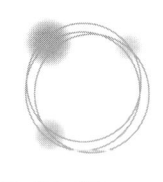

天保8年当時の鉄山稼ぎの議定書（意訳）

　いつも事業の撤退について考えている人は、経営をしっかり考えているなと思う。事業経営をしていると難しいのは、始めることよりも辞めることだからだ。

　下備後屋近藤家は印象深い企業である。

　アニメ映画『もののけ姫』の中では、たたら場といわれる製鉄場でのストーリー展開が中心となっている。たたら場は、火山の多い日本で多く産出される砂鉄（酸化鉄）から鉄を精製する我が国独特の製鉄工場であった。全盛時近藤家は、山陰地方（西伯耆）に11ヶ所のたたら製鉄工場を経営し、末端まで含めると3万人の雇用を創出していた。近藤家の活動は今日まで続いているが、今日たたら場の経営はしていない。たたら製鉄の商業製鉄としての活動は終えたからである。現在は、近藤林業有限会社として、林業、不動産管理をしている。

　組織は、その環境に適応しなければならない——ということを否定しないだろう。しかし、大きな時代のうねりの中で、事業環境に適応できないこともあるのは事実である。

　この場合に、事業をいかに終息させていくかという問題になる。この

時、撤退の美学を貫いたのが、近藤家である。

○時代の後押しと合理化で伸びる

　下備後屋近藤家は、1700年代の中頃に近藤彦四郎が下備後屋の商号で分家独立したことに始まる。そして、たたら製鉄の事業を始め、江戸中期には大阪に直販店を設けるなどして、以後順調に発展することとなる。

　明治に入り、わが国の富国強兵の政策により、急速に鉄の需要が拡大し、同時に安価な洋鉄が輸入された。一方で、西欧の製鉄の技術が導入されることとなる。その一つが、ドイツの技術を導入した八幡製鉄所で、明治34年に建設された。ところが、八幡製鉄所が本格的に稼働するのは、明治38年頃からであり、それまでの間、日本の鉄の需要を支えていたのは、たたら製鉄であった。言葉を変えて言えば、日本の近代化、日清・日露戦争を支えていたといっても過言ではないのである。

　近藤家は、合理的経営、地域との協調、後継者や優秀な手代の育成を是としていた。とくに明治中期以降、強力に近代化を推し進め、これが増産を可能にしていったのである。古来の製法を大切にする職人達と近代化・合理化を急ぐ経営陣の間では、その軋轢を伴いながらも成長していくのである。

　また、下備後屋近藤家では、鉄山を提供してくれる村との協調を徹底していった。鉄山稼ぎ議定という議定書を村ととり交わし、厳しい規則の元に鉄山経営を行い、地域との協調を大切にしたのである。

○戦略頭脳集団の管理技術

　歴代の当主を支えてきたのが、手代集団である。今日的にいえば、戦略企画・管理部門という「しくみ」である。

手代集団は総勢70人位の人達から構成されている。彼らは、徹底的な計数分析により下備後屋近藤家のあるべき方向を当主と共に会議等で話し合いをしていた。事実、明治初期には、すでに部門別損益管理が行われているのには驚かされる。今日のように、コンピュータのある時代においても難しいものを手計算、墨書きで行っているというレベルの高さがある。

○東京を見極め合理化を進める

　このように、隆盛を極めてきた下備後屋近藤家であるが、やがて日本の近代化の中で存在価値が問われるようになるのである。西洋製鉄とたたら製鉄では、生産効率に大きな差があることは、明らかであった。近藤家では、早くから情報の収集に努め、明治18年には合理化案を検討している。それは、近藤家の生産高がピークを迎える10年以上前であった。合理化を進めるにあたり、地域経済の崩壊させないことに主眼を置いた。そして、何よりも3万人の関係者の生活を守るということを大切にしたのである。

　そして、次から次へと合理化の手を打っていく。明治36年には、出雲の鉄山師と共に雲伯鉄山組合を設立し、需要に応じることとなる。これが後に、日立金属安来工場へと発展していく。また製炭事業部を設けたり、原野を開墾して水田を造成するなど労働の場を用意しながら大正5年には、木材から酢酸を取る技術を確立し、製薬工場を大阪に建設する。これが、今日の協和発酵の前身となる。更には、大正7年日本クロム工業の設立となる。

　これ以降の近藤家の経営を支えたのが、海外からの特殊鋼の輸入であった。旭ハガネというブランドで売り出すこととなり、近藤家の経済基盤を支えることとなる。

　これとは別に、大正醤油株式会社、根雨酒造株式会社、更に、地方銀

行の設立、木材会社経営、森林組合の育成などを行った。

このように、次から次へと事業を転換していくこととなるのであるが、これに伴い、人の異動を行い、新しい事業へと振り向けることとなる。それは、明治、大正、昭和という長期間をかけての壮大な撤退劇であり、たたら製鉄だけに依存していた地域経済を見事にソフトランディングさせていくこととなる。実は、山陰の他の鉄山閉鎖では、働く所がなくなった人達が九州の炭鉱労働者として移っていったのである。しかし、近藤家に関連する人達は地域に住み着き、それぞれが安定した人生を歩むこととなり、路頭に迷った人は殆どいなかったと言われている。

○賞賛される「撤退」がある

人は、新しいことにチャレンジする人を賞賛する。しかし、事業を辞めたりすると、「落ち目になった……」ということで、賞賛することは殆んどない。

しかし、このような事業撤退も賞賛されてよいのではないかと思う。事業を辞めたところで、その事業主、家族、従業員は生きていかなければならない。

それならば、そのことを第一と考える撤退があってもよいのではないだろうか。近藤家は、撤退のための戦略を描きながら、それを支える「しくみ」により不幸な人が皆無の撤退を可能にしたのである。

経営の善し悪しは、その経営環境に大きく左右される。この経営環境だけは、どうにもならないというところがある以上、みごとに撤退する経営も忘れてはならない。

最近になり、近藤家の歴史、たたらの歴史が再評価されている。これは事業をみごとに撤退させた近藤家の組織のあり方が見直されているのである。

1．しくみは「論理」か「勘」か

　組織運営は、理詰めがよいか、勘をだいじにするのがよいかということは多くの経営学者がこれまで議論を重ねてきたところである。この議論は、一見意味のないようで深い意味を持っていることを感じる。

　組織運営を理詰めで割り切ることは大切だ。ただ、それだけでは組織が動くことはない。結論はおわかりだろう。「しくみ」において、論理も勘も必要だということだ。

○何に頼るかを見極める

　企業経営者が占いに頼るということも何度も見てきた。最初は思った以上に成果が出るが、やがて停滞し、そして失敗するというのが大方の流れである。

　経営コンサルタントという仕事をしていると、そのようなものは信じたくないと思うのであるが、それでも引っ張られてしまうということがある。事実、コンサルタント業界の先輩達が晩年はそのようなところに行ってしまうこともある。

　占いに落ち込むトップが最初に言うのは、「よく当たる」ということだ。考えてみれば、その大方は過去の事実の再確認であった。だから当たるのだ。このトップの行動を冷静に観察すると、まず悩んで、次にいろいろな分析をしてみて、やがて第三者の占い師のような人に相談をすることとなる。悩んでどちらにしようかと決められない時に、占い師に意見を聞くのであるから、相手から見れば答えは出しやすいのである。つまり答えの方向づけは、既にトップは自分でしているのである。つまり、「こうしようと思うのですがどうですか」と質問をするから「そうしたらよい」という答えであるから、この人の占いは当たることとなる。

○悩んで考えることが前提にあるのに

　ところが、最初の内は悩んで相談しにいくのであるが、相談を繰り返しているうちに、トップが悩まなくなってしまうのである。やがて、状況の分析もしていないことを相談にいくのであるから、当たらなくなってしまうのである。よせばいいのに、社員に対しても「あの先生は当たる」と言ってしまっているので、社員からは「うちの会社はすべて占いで決めている会社だ」ということになり、信頼関係がくずれていくのであるから、しくみなど機能するはずがない。

　やがて、しくみが崩壊していくことになるのである。

　そのしくみを再構築する時に、忘れてはならないのは、悩んで考える部分と勘をだいじにする部分を盛り込むことを忘れてはならない。

　例えば、若手で優秀な人がいるからこの人をリーダーにしようとする。ところが、そのリーダーの部下となる人達は、彼よりも年上であり、何となくそれを受け入れたくないということはどこの会社でもあることではないだろうか。

○悩むと手順が分かる

　これを社長がベテランに言い含めて、若い人をリーダーにするだけでは上手くいかないことが多い。それは、まだ悩んで考えていないからである。

　コンサルティング先で、若手のリーダーを登用する時に、何年か待った。その時に、社内の勉強会にベテラン社員を何人か参加させたのである。勉強会の中で、このベテラン社員達は、実は時代遅れの仕事の進め方をしているのに気がついたのである。

　勉強を続けるうちにベテラン社員達が自分達のやり方はこれからは通用しないということを自覚するようなってきた。そして、組織変更を

する中で、もう自分達がリーダーになる時代ではないと自覚するようになった。更に勉強会を続行し、何人かのリーダー候補にも参加してもらいその中で一番若い人物がリーダーとして選ばれることになった。若いリーダーへの不安はあったが、最後はトップの「任せてみよう」の一言で決まったのである。

このように仕事は評価実績で図るというが、そのためにはそれを自覚させるためのしくみ（機会）を組織の中につくっていくことが求められるのである。

○撤退は理論が先にある

しくみの合理性はきちんと理論的でなくてはならない。だから、とことん理論的に組み立てていくことに徹することである。下備後屋近藤家は、永年に渡る事業撤退を徹底した理論で乗り切ってきた。

これを勘に頼っていたのでは、組織的な混乱を生じることとなる。

これまでに新規事業への参入と撤退ということをコンサルティング業務を通じて体験してきた。両者については、新規事業を展開する時には、思い切った勘の良さとある種の運も求められる。

それに対して、撤退の時は理論的にきちんと進めた方が結果がよいことが多いのである。

これを下備後屋近藤家の戦略集団（手代）が道筋をつけたのである。

2．しくみは仕事単位に決める

　組織を動かすためにしくみを工夫するには、仕事の単位（業務単位）を明らかにすることだ。業務単位（課、部、本部）には、機能的に分権をする必要がある。

　同時に仕事を進めるには目的と手段、権限と責任が組み合わせでなくてはならない。

　中堅企業の組織で気になるのは、業務単位は沢山あるが、何のための業務単位であるか疑えるものがあることだ。ムダな業務単位は作るべきではない。

　気をつけなければならないのは、部長、課長の職位を増やしてしまうことだ。組織は、賃金だけではなく、名目だけの職位を与えてそれを補おうとする。その場合に、業務単位に誰が権限と責任を持つかを明らかにしないことが発生してしまうことがある。機能的分権（目的と手段）（権限と責任）を明確にするしくみがしっかり作られていないからだ。

　しくみさえしっかりしていれば、部長が何人いようと構わないのである。ところが、動かない組織は分権がはっきりしていない。

　極端な組織では、係長がいても部長が係長を兼務しているような行動をとる組織がある。これでは、いくら工夫したしくみをつくり、動かそうとしても機能しないことは、はっきりしている。

　しくみをつくる時は、仕事、人、風土（集団規範）の3つとの関連を明確にしてつくることだ。まず仕事を進めるには、しくみがなくてはならない。しかし、しくみは仕事のレベルに合わないと、かえって煩雑になってしまうのである。

○何に使うかでしくみは変わる

　SFA（セールス・フォース・オートメーション）が導入されて久しい。どこの企業でも、営業日報をパソコンに打ち込み、メールで送るということをしている。ところが、これが活かされていないのだ。

　決してキーボードで打ち込むのが面倒くさいのではない。ではなぜか、それは折角送ったデータを何に使うかという目的が、明らかになっていないことにある。つまり、誰が、どこが日報を活用するかということだ。本社なのか、本部なのか、直接の上司なのか、ということだ。大手の機械メーカーで、調べてみたところ、営業日報のデータは本社の人達が見ているということだ。直接の上司は、見ても、あまり役に立たないのか見ていないということであった。

　その上司に聞いてみると、10〜20人程度の部下を把握するためには、朝の顔つきと夕方帰ってきた時に一言言葉を交せば分かるというのである。

○どこで勘を働かせるか

　そして、日報を見ているのは本社の人達だというのだ。本社スタッフが役員に報告するためのものであるということだ。役員会議等で営業活動について質問が出て、それに細かく答えると、スタッフの評価が上がるからだ。このメーカーでは、データとしての日報を更に本社スタッフが集計してグラフ化などにしている。それならば、本社が見るという前提で自動集計にすれば、余計な集計業務はしなくてよいのであるが、SFAがかえって仕事を増やしてしまっているという現象が起きているのである。そのため、営業日報をパソコンに打ち込むのは止め、手書きに戻すことにしたのである。

　実は、手書きの方がその行間の強さ・弱さから営業担当者がどういう

状況にあるかということが分かるのである。ここに営業活動の機微があるのだ。しくみによっては、その目的を明確にすることにより、合理性だけでは捉えられない、微妙な捉え方ができ、勘が働くようになるのである。

　経営のどんなしくみも、最後は勘となる。そのために、勘をはたらかせるべき余地を残しておくことである。経営のしくみは、できるだけ合理的に組み込んでいき、人の勘に頼るところはそれを背景にして最後の判断にしぼり込むことに意味がある。

○しくみにとらわれず、使いこなす

　しくみは仕事の内容と人の能力レベルにより、規制されることとなる。しくみが分かりやすいことから、そこに注目して、ついしくみ先行となってしまう。

　いつの間にかしくみは人を支援したり、補完するものであったはずのものが、しくみに人が合わせなければならないという状況が生じてしまうのである。

　著者の関係先の機械商社では、ITにより仕事のコントロールが行われている。システムの稼働時間は、朝の8時半から夜の7時半までの11時間である。この間に、仕事をしなければならない。そのために、ダラダラ残業をすることは減った。一方で、朝早く書類を作成することが出来なくなったために、仕事の立ち上がり時間が遅くなってしまった。

　そのために、顧客からのクレームが増える傾向にある。

　中には、自分の営業車にパソコンとプリンターを乗せて、駐車場で操作するために顧客への商談時間が大幅に落ちてしまったのである。

　こうなっては、しくみとしての本来の狙いは、達成できなくなってきている。しくみは、仕事と人のバランスで少し高度なものを選択すべきであるが、行き過ぎには注意したいものである。

3．守備範囲はしくみで決められるか

　業務単位で、権限・責任を明確にしなければならないが、常に動いている組織ではそれを定型的に割り切るところの難しさがある。

　経営は、スポーツの集団競技のようなものだとはよく言われる。あなたの守備範囲は、ここからここまでと決めたところで、その通りには動けない。だからといって、決められた守備範囲がいい加減でよいということを言っているのではない。さりとて、無視をして動けば、組織は秩序を失うこととなる。

　サッカーを見ていれば明らかだ。試合スタート時はポジションを決めているが、ゲームに入ってくると後ろの選手が前にでたり、その逆になることがあるが、それでも秩序は守っているのである。

○一歩自主的に動けるしくみを作る

　しくみをつくるということは、メンバーの積極的な行為を促すことであり、そういうしくみを作らなくてはならない。

　よく動いている組織に共通しているのは、課長が部長の領域の仕事をしていて、部長は更に上の仕事をしていた。しかも、これを越権行為としていないのである。さらに動いている組織を詳しく調べてみると、部下も上司の仕事までしている。そして、上司は部下が失敗した場合の責任は自分が取っているのである。

　これは、業務単位の中で下への事実上の権限委譲をしているということだ。これが、当然の姿として自動的に行える組織は強いのである。

○現場の判断を活かすしくみを作る

　IT技術の進歩により、細かい情報が経営上層部に入るようになってきた。このようなしくみにより仕事のスピードは急速に高まってきている。反面、その情報により意思決定が上位者に集中するようになってきた。

　その結果がトップダウンで下りてくるのであるから、現場の人達は判断力を求められなくなってしまうことが起こる。そのため、責任だけは現場に残ってしまうこととなり、権限（判断力）がないのに責任だけは取らなければならなくなってしまうのだ。

　これは組織の中では、よく起こることだ。強い組織では、現場に近い人達が自己の判断で対応することが自然に出来ている。言われた通りに動くことは、チームプレーの基本であるが、サッカーでゴールを決めなければならない時には、現場の判断でシュートをすることが大切なのである。

○業務分掌は基本的な守備範囲を示すもの

　組織内の守備範囲は、業務分掌で定められるものである。これが建前だが、その通りに動いている組織を見たことがない。上場企業でコンサルティングをしている時に、組織を見直そうということになり、業務分掌でチェックしてみた。

　大まかには、その通りに動いているようなのだが、それでは、業務分掌は必要がないのではないかということだが、一応目安としてあった方が良いという。あなたの守備範囲は、業務分掌だけでなく、その一歩外側にもあるのだ。

4．会議・ミーティングを
どこまであてにするか

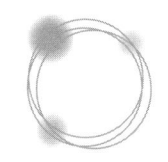

　企業のコンサルティングをしていて、あまり信用できないことがある。それは、なんでも会議・ミーティングで決めようとすることだ。私達が幼少の時代から教わってきたのは、会議で喧々囂々と話して、その内容に基づいて多数決で決めていくというものだ。

　しかし、企業組織の運営においてはこれは間違いだと言わざるを得ない。それは、企業運営においては誰にも共通して正解といえるものはないということが現実だからだ。

　組織を動かす会議、ミーティングは全員で決める場所ではないという本質を分からなければならない。会議・ミーティングは相互に確認する場面であるのだ。

　意思決定者は、経営会議ならば社長、部会議ならば部長、課会議ならば課長となる。

　そこでは、誰が責任を持つかということで決まるのである。

　だから、意思決定をするには責任を取る人が会議の最後に「やる」「やらない」の2つだけを言えばよい。

　一体、会議では何をするのか、それは意思統一とベクトル合わせである。だから意思決定者が「やる」「やらない」という前に関係者は十分に意見を出さなければならない。

○問題を解決する2つの思考方法

　人は、指示命令だけでは動きにくい。自分が言うだけ言って聴いてもらった後では、動くものなのだ。

　問題を解決する思考は2つに分かれる。1つは、原因を徹底的に追及して、探し求めていくというものだ。どちらかというと、自然科学的な

思考にあるものだ。医学なども人間の身体を扱うものも、自然科学の領域にある。

その医学分野で、ここ何年か、数値による説明が増えていることに気がつくはずである。それは、自然科学の社会において、本来は原因を追及していかなければならないのであるが、確実に言い切れることが難しいために、「何年生存率は何％」というような指標を使うようになってきている。一見逃げのようにも見えるが、やむを得ないのである。これが原因追及型である。

もう1つの思考は、社会科学的なものであり、いろいろある中から最適解と思えるものを選択するものである。

原因追及型だけで問題を解決しようとすると辿り着くのは、抽象度を高くしたものだ。たとえば、なぜ業績が悪いのかという問題に対する答えとして「景気が悪い」という抽象的な答えのみが全員一致となる。しかし、これでは解決案としては全く役に立たない。

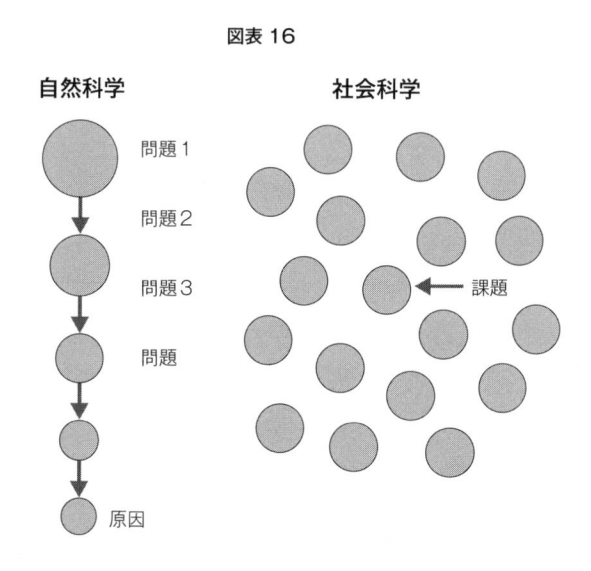

図表16

自然科学　　　　　社会科学

問題1
↓
問題2
↓
問題3
↓
問題　　　　　　　← 課題
↓
原因

○問題の中から課題を設定して状況を改善していく

　問題は連鎖している。だから、その関連を見ているだけでは答えは出て来ないのである。

　　思い切って、多くの問題の中から効果だけでなく手を打てる可能性のあるものを選択して、それを課題として設定し、順次手を打っていくのである。そうして状況を見て、次の問題に手を打っていくことにより、状況を総体的に改善していく方法である。

　これを助けるのが例えばコールセンターというしくみである。コールセンターは、導入部分は番号を押す。「ご用件は次の中のどれですか。１－２－３」と選別させて対応する領域を狭めていく。そして、最終的にオペレーターが出るようになっている。

　つまり、選別をさせながら、ここぞというところで有能な人に変わるのである。コールセンターは、ランダムにオペレーターの話し方を聞いて選別し、ここぞという時にスーパーバイザーと言われる人が指導をするようになっている。更に、その場限りに陥らないようにスクリプトといわれるシートに書き込み、マニュアルの更新をしているのである。

　つまり、問題解決をしながら、その問題に対する解決方法を他のオペレーターにも分かるように、しくみとして展開しているのである。こうすることにより、コールセンターのレベルアップが更に図られるのである。

5. しくみを引き戻す力を逆活用する

　新しいしくみを構築し、導入すると、反作用が生じることが必ず起きる。この反作用を乗りきれれば、しくみは上手く動いていると考えてよい。甚だしい場合は、新しいしくみを導入しようと発言したトップ自らが、しくみを引き戻す動きをしてしまうことがある。

　著者の関係先の商社で、ダイバーシティの波に乗り、営業社員にこれからは女性を活用しようという結論に達した。さっそく女性社員が営業担当者として動きやすいようにしくみを整理したのである。そして、社内異動を行い、営業活動を開始した。

　しばらくしてみると、業績が思ったように上がらない。すると、社内から女性社員を営業担当にしたことを否定する意見が出るようになってきた。実は、この反対意見の中心となったのが、営業本部長であった。

　そうして、女性営業担当者のバックアップもせずに、「やっぱりダメでしたね」と言い切るのである。

◯しくみは人を変えることもある

　著者の関係先のある商社で、各支店に分散していた物流システムを本社に集中させようということになった。

　そこで、CTI（コンピュータ、電話統合システム）を導入したのだが、思ったように機能しないのである。それは、役員の中心となる専務が会議では賛成していながら、現場では反対の立場を取っていたからだ。そこで、この会社の社長は思いきってこの専務を新システム責任者にして、一括管理を推し進めたのである。すると、これまで反対していた専務が手のひらを返したように導入に打ち込み、新しいシステムは予想より早く定着したのである。

毒をもって毒を制すということだ。しくみの中で面白いのは、立場が変わると考え方を変えてしまう人がいることだ。しくみは、つくっただけでは動かない。このような逆説的な人の活用で、その人も変わり、しくみも活きることが考えられるのである。

○○○らしい人をつくる

これまで人が行っていた仕事を、しくみに置き換えていくことが積極的に行われている。ここで大切なのは、しくみと人を統合していくことである。多くの場合、仕事に合わせてしくみは構築されていく。

しかし、人が動かす気にならないとしくみは動かない。

この人を動かすには、立場を変えてみることである。そこで活用したいのが、人は立場で動く傾向があるということだ。

私達がよく口にするのは、

あの人は公務員っぽい

先生っぽい

という言葉遣いをする。

それは、その人の本質だけではなく、立場がそうさせているということもあるからだ。

このことをしくみを導入する時に考え合わせて行うことである。

6.「当たり前のこと」に少し工夫を加える

　組織運営のしくみなどを構築して分かるのは、動くしくみはほぼ理屈通りのものであるということだ。それならば、最初から理屈通りのものを作ればよいではないかと思うだろうが、現実はそうはいかない。

　老舗のオーナーと話していると、あることに気づく、それは「何か特別のことはしていない」という発言である。

　そこで言われるのが、「当たり前のことを当たり前にやる」という言葉である。この当たり前のことを当たり前にやるという言葉を産業界に広めたのは、田中要人である。

　田中要人は、戦前の日産コンツェルン（今日の日産・日立等のグループ）のトップ鮎川義介の懐刀として敏腕を振るった人である。日本のコンサルタント業界の草分けという人物である。この人が戦後の日本社会の中で急膨張する企業に対して、このままでよいのか、高度成長はそう長くは続かないぞという一心から使ったのが、「当たり前のことを当たり前にせよ」という言葉である。今日でも講演会で組織活動を表す時に、よく使われる言葉である。

○少しの工夫と努力

　実は、この「当たり前を当たり前にする」という言葉の裏に、田中要人が本当に経営者に伝えたかった次言葉が忘れられてしまっている。それは、「ほんの少しでよいから頭を使って考えてみよう。」そうすれば、「ちょっと努力をすれば達成することができる」というものだ。

　この「考える」と「努力する」というところが抜けてしまい、「当たり前を当たり前にする」だけが残ってしまったのである。

　田中要人は、組織を動かすにはしくみが欠かせないと考えており、そ

の要となるのが規定であることから、会社業務規定集を数多く残した。膨大な量の刊行物があるが、そのほとんどが今日の企業で作成されている規定のルーツとなるものなのである。

実は「当たり前のことを、当たり前に頭を使い、少しだけ考えて努力すること」により、組織を動かすしくみは活きてくるのである。

さて、そこで単純に考えれば、それならば最初から当たり前を理屈通りに教えてくれればよいのではないかということになる。また、そう考えているトップも多い。しかし、そこには、そこに至るまでの試行錯誤がなくてはならないのだ。

○戦略のない５Ｓは無駄だ

古くて新しい経営のしくみに５Ｓ運動（整理・整頓・清潔・清掃・躾）がある。どこの企業にいっても、５Ｓがしっかりできているところは、業績をそれなりに維持している。

これを表面的に受け取ると、５Ｓをしっかりやれば業績が向上すると思い込んでしまう。

まず技術革新をして、その後いろいろやってみた後で、５Ｓに落ち着いたということだ。ところが、マスコミは５Ｓさえすれば組織はよくなると勘違いしているところがあるのだ。

戦略なき５Ｓは、単なる清掃活動で終わってしまうことを注意しなければならない。

血の滲むような技術革新や試行錯誤があって、５Ｓ活動が活きることを忘れてはならないのである。

経営計画等のしくみも、単純な方がよい。単純なものを繰り返し考えていく中で、組織がスパイラルアップしていくのである。これが組織のしくみを動かす本質的な考え方なのである。

第7章
風土（集団規範）だけに頼らず活かす

「老舗に学ぶ」

風土が組織活動を促進する
〈埼玉 伊田テクノス株式会社〉

1. トップのパワーよりも風土は強い
2. 仕事の立ち上がりに注目する
3. 風土への働きかけ方
4. 風土の浄化力にどこまで頼るか
5. 真面目な風土は
   一度しか助けてくれない
6. 真の風土作りをメンバーに意識させる

「老舗に学ぶ」
風土が組織活動を促進する
〈埼玉 伊田テクノス株式会社〉

○報徳とは何か

　百年建設業伊田テクノス株式会社が埼玉県にある。創業者となる初代伊田勘三郎は、浄土真宗大谷派了善寺の住職、嵩古香の春桂塾で漢字や和算を勉強することとなる。

　この時、二宮尊徳翁の報徳の思想と出会い、以後二宮翁夜話を座右の書とし、報徳の教えの企業価値観のベースとする。

　報徳の教え4大原則とは次のようなものだ。
1. 至誠（誠心を込めて力一杯やる）
2. 勤労（ただ働くだけではなく、社会のために役立つように働く）
3. 分度（収入を基にして計画を立て暮らす）
4. 推譲（働いて得た余力は将来の自分のために貯えたり、社会のために進んで譲ること）

　二宮尊徳（金次郎）というと、薪を背負い、歩きながら本を読んでいるイメージがあるかもしれない。これは、二宮尊徳の一面であり、日本最初の経営コンサルタントと言われている。

その手法は、仕法書といわれて再建計画を作成し、それに従い、藩や村を再建していった。今日の経営計画書をベースとする経営の元祖である。

○身を挺して人を救う

次のようなエピソードがある。

大正12年9月1日の関東大震災では、死者14万人といわれる大被害が出た。この時、とんでもない流言飛語が起きた。朝鮮人が暴動を起こしたというのである。そのため、朝鮮人が暴動で殺されるという痛ましい事件まで起きてしまった。この時、避難してきた朝鮮人十数家族を、身を張って自宅に収容したのである。後に、この人達が建設現場の作業者として働くことになり、以後も伊田グループを支える集団となるのである。

伊田テクノス株式会社は、人工出し（人を提供するサービス業）から始まり、その代々トップの面倒見の良さが飛躍の基礎となっていった。

これをベースとして、社員に徹底した教育を行ってきた。今日でも、新人社員には二宮尊徳の伝記を入社前教育として読ませることを行っている。また、同社敷地には武州報徳二宮神祉があり、人材育成のよりどころとなっている。

○企業内運動部のあり方

更に、当社の特筆すべきところに、昭和23年に剣道を通じ、青少年の人間形成、心の鍛錬を図るため、松山尚武館道場を建設する。その後、明徳館となり、今日まで続いている。

これまでに全国実業団大会準優勝、関東実業団大会優勝などの数々の戦跡を残してきた。しかし、注目したいのは、戦跡ではなく、企業内運

動部としてのあり方だ。一般的に実業団運動部となると、仕事をそっちのけで練習を行うことがある。同社剣道部ではそのようなことはしない。他の社員とは区別せず、仕事を行い、その後で夜間密度の濃い練習を行っている。営業職の剣道部員は、試合前日まで出張ということもある。試合に勝つこと・知名度を上げることだけが目的となってしまっている昨今、本来あるべき企業内運動部のあり方の基本が、このグループにはある。

○株式上場と廃止

　平成12年には、株式会社を上場する。更に平成20年には、株式上場廃止をする。

　同社が上場した背景には、組織が成熟してきており、次への飛躍が求められたことがある。

　ところが、上場してからしばらく経つと、日本版SOX法の導入がされる。これにより、四半期決算の開示などにより、維持費が高額になったために上場を廃止することとなる。余程のことがない限り、株式上場廃止は、そそのまま衰退の急落ということが多い。しかし、当社が踏みとどまった背景には、老舗企業としての信用度、財務基盤そして社風（集団規範）報徳思想があるといえる。

1．トップのパワーよりも風土は強い

　組織は、トップが自分の思う通りには動かない。これを自覚しているトップがいる組織は崩壊する可能性は低い。反対に極端にトップの指示で動き過ぎる企業の方が内在的に危険をはらんでいることが少なくない。このような組織は、表面的に社員は従っているだけであり、本心から従っているのではないのである。トップからの指示の後、陰でブツブツ文句を言う社員が多いものだ。

　それは、トップの人達よりも風土（集団規範）の方がパワーが上であるからだ。トップが打てる手としては、風土に従う、風土を活用する、風土を改革することである。これを手順を追って行うことであるが、まず、その必要性に気づくまでに時間がかかる。

○「前任者とは違う」を見せる

　誰でもトップとなって、しばらくは前任者と違う新しい動きをしようとする。そのために、組織のメンバーと会い、どう動いて欲しいかということを説明し、動かそうとする。初めの頃は、組織のメンバーはこの指示に合わせて動こうとする。ところが、しばらく経ってトップの動きが見えてくると、組織が思うように動かなくなってしまう。これには、2つの理由がある。

　まず、組織のメンバーにとっては、これまでと違うやり方には従いたくないと感じはじめると、少しずつ前の風土（集団規範）に戻そうとする作用が働くのである。

◯トップが集団同化してしまう

　それでも、トップが自分のやり方を強行すると、メンバーはますます居心地が悪くなってくる。その結果、さらに強く以前の集団規範に固執するようになるのである。

　組織を変えようという強い意思があるなら、この風土（集団規範）を変革する方法を身につけなければならない。

　しかし、トップはこの風土に迎合して優しく振るまうようになりやすい。

　このトップの姿勢に気づくと、社員が一時は動くようになる。しかし、しばらくは動いても、やがてそれはマンネリ化する。トップがあわてて再度、自分流に動かそうとすると、組織の動きも、ふたたび消極的になってしまうのである。組織は、これの繰り返しとなるのである。

図表17

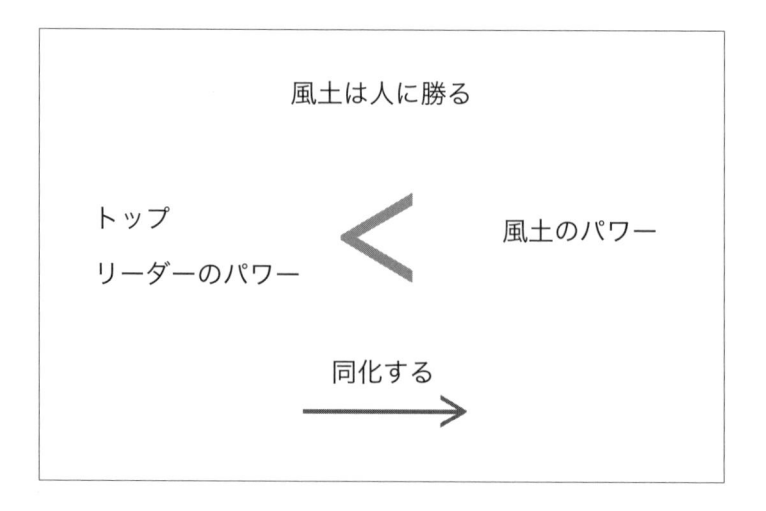

```
            風土は人に勝る

   トップ              <        風土のパワー
   リーダーのパワー

              同化する
              →
```

2．仕事の立ち上がりに注目する

　トップが決めた通りに組織が動いているか否かの判断は、仕事の立ち上がりを見ると分かる。

　よく、一年の計は元旦にありと言う。ただ、個人が今年は頑張ろうと思っても、それが長続きしないことが多い。続きそうかどうかは、一週間も見れば分かるものである。

　これと同じことが、組織についても言える。組織活動は出足を見れば判断がつくのである。期の最初、月の最初、一週間の月曜日、1日の朝、昼休みの後といった立ち上がりの時である。

　トップが組織風土の改善をしようとするのは、この「立ち上がり」の改善からが多い。

○「5分早くスタートしよう」は効くか

　業績の良い組織は、立ち上がりが早いということは誰もが知っているからである。

　そこで、新任の拠点長は、「朝は5分早く出勤しましょう」とメンバーに促す。すると、しばらくは仕事の立ち上がりが早くなるのだが、また元へと戻ってしまうことになる。

　それでも、拠点長が早い仕事の立ち上がりを強調すると、今度は逆作用が起こってくる。

　その背景には、みんなで頑張らずに業績を伸ばさなければ、この拠点長はいつか異動してしまうことをメンバーは知っているからである。

　ただ「頑張りましょう」の強調だけではでは人は動かないのである。

　このような新任マネジャーも、やがて組織の好ましくない風土（集団規範）に呑み込まれいく。

○風土は多数決

　風土（集団規範）とは、人数がものを言う世界なのだ。長年にわたって、組織の中に作られてきた見えない掟・非公式のルール・闇のルールだからだ。だからマネジャーが一人で頑張りましょうと言ってみたところでどうにもならないのだ。（風土・集団規範については第2章参照）

　そこで一工夫を加えるならば、集団規範を活用できるような場を作ってみることもある。

　この時代になっても、お花見では新入社員に場所を取らせるということが行われている。これは集団規範であるから、反抗することが難しい。仮に新人が「自分はやりたくない」と言ってみたところで、「昔からそうしている」の一言で引き受けざるを得ないのである。もし、引き受けなければ辞めることを覚悟しなければならない。

○辞めてもらう規定も必要だ

　実は、集団規範はそれに従えなければ、やがて辞めざるを得ないことになる場合を含んでいるのである。

　組織に入ってきた人には、最初に何を教えるかが大切なことなのだ。理屈通りにいかない社会のあり方を教えるには、お花見の席取りもよいチャンスかも知れない。

　組織活動で大切なのは、自分の好まない仕事でも、まずは引き受けてもらうということである。

　人の辞めすぎる組織は問題だが、人が全く辞めない組織も問題があるのだ。

　その見極めは、何かをじっくりやってからではなく、何かを始めた時の態度で分ることが多い。だから、組織のマネジメントの最初のポイントは「立ち上がり」にあるといえるのだ。

図表18

人が育つ「暗黙のルール」を創る

⬇

1. 「暗黙のルール」に対して、よいものは公のルールにする
2. トップ・リーダーが率先して人の育つ「暗黙のルール」に従うようにする
3. 区切り（決算、社員大会、社員旅行等）を利用して、よい「暗黙のルール」に働きかける
4. 「暗黙のルール」を計画的にチェックし、変化を実証しながら変革を進めていく
5. ポイントとなる人材（キーマン）への働きかけにより、その人が変わることで全体へ影響を与える

3．風土への働きかけ方

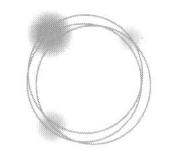

　風土（集団規範）を好ましいものに変えるには、まず組織の現状をじっくり見ることが前提となる。この場合に、仕組みの仕事の流れ、目標設定、実施、評価という一連の流れの中で、どこが思う通りに動いていないかを把握することである。

　目標設定時には、積極的に目標を考えているか、それとも他人ごとであるか。また、目標を達成する手段を考えているかなどである。この場合は、目標設定時にそのメンバーの価値観を刺激するような質問をしてみることだ。

　目標が低いのであれば、「これで君の人件費がカバーできると思うかな？」というものだ。

　このように逆に質問されると、それに対して対応しなければならない。この反応は大きく２つに分かれる。次で見ていこう。

○納得と諦めの反応

　自分の発言や行動に対して批判された時の対応の１つは、「これが目一杯です」「これ以上は出来ないです」と拒否するものだ。

　そしてもう１つは、「一体、どうしたらそんな目標を達成できる」と自分で考えようとしないタイプである。このケースでは、本来ならば質問されたところで「そうですね。もう一度考えてみます」という答えを求めたいところだが、それはまれにしかない。

　そのような時には、どこに力を入れて動いたらよいかの工夫の仕方を話そう。この時に、好ましい風土があると、部下は前向きに考え始めるものである。好ましい組織風土に変革していくためには何をしなければならないか。よく言われる好ましい風土とは、誰でも意見が言えるよう

になっていると感じられる状況だ。

○自由闊達な集団規範をつくる

　よく自由闊達な風土という表現がされる。
　その通りだとは思うが、その自由闊達とはどういう状況なのかをよく考えてみる必要がある。
　人は集団規範に強く影響されるという。それならば自分の意見を気楽に言える集団規範を職場に作るのが近道であろう。
　そこでトップは最初は、ミーティングや研修の機会に、全員にそのような職場を作ろうと繰り返して話す。その時、発言力がありそうな何人かのメンバーからも意見を聞いてみる。これがだいじなポイントである。それは、トップがメンバー全員に明るい職場づくりを一方的に強調しても、それは上からの指示と受け取られてしまうからだ。
　そこで、ミーティングで意見を聞いたメンバーの中から、目ぼしい人を数人えらんで職場のキーパーソンとして、現場でも自分の意見を気楽に言える雰囲気を促す行動をバックアップして、下からもその雰囲気を作っていく。
　そうして、時期を見極めて、「職場を明るくするための自由闊達な行動」の共有化を話し合ってきめていく。これによって好ましい集団規範が生まれるのである。しかし、自由闊達は「やりたい放題」「言いたい放題」と誤解されやすい。それを防止するためには、職場で「発言・行動の約束事」を話し合って決める会合が最終ポイントとして重要なのである。

4．風土の浄化力にどこまで頼るか

　組織には、カタルシス（浄化力）がある。このままで大丈夫かなと思っていても、しばらく放っておくとやがて解決してしまうというものである。川の自浄作用のようなものと考えればよい。
　それは好ましい風土（集団規範）のなせる技である。自分達で何とか解決しなければならないという好ましい風土を作っている企業では放っておいてもカタルシスが働いてくれる。
　しかし、その前提となるのは、カタルシスが働く風土（集団規範）を維持するように組織のスリーバランスをできるだけ均衡するように調整することである。その上で、自浄作用が働くような風土（集団規範）を作っていくことだ。

◯やがて浄化作用は弱くなる

　組織は、トップの代替わりが転機となる。代替わりをすると、新しいトップが期待するのは、「今度のトップはよくやっている」「新しい人はたいしたものだ……」と言われることである。
　それを手短にやるのは、仕事の中の目標に手をつけることだ。目標を高くしても、何とかやらなければという好ましい集団規範が働くときは、初期の段階では成果が上がる。
　目標を達成するには、それを達成する施策（方針）がなくてはならないが、一度集団規範のカタルシスに頼って目標を達成すると、施策（方針）が無くてもいけるのではないかと思い込んでしまうトップが多い。
　トップとして楽なのは、目標の提示をすれば後は職場で何とかやろうとする前向きの風土（集団規範）がある時だけである。
　そこで、一層の成長をさせようとトップは更に目標を上げることとな

る。その時、トップが現場の状況を把握しないままで目標を高くしてしまうことが多い。

更に目標達成が難しいなら、経費を削減しようということになるが、これを安易にすると、好ましい集団規範が崩れていくことになってしまう。

○人が定着しなくなる

さらに、人材が定着しなくなる。早期にそれが表れるのは、新人・若手の社員である。

中堅企業でよく見掛けるものに、古参の社員は辞めずに、今後を期待する優秀な若手が辞めてしまうということがある。それは古参社員は安定して、若手は堪え性がないからという単純な問題ではない。若手社員から見ると、上層部は何もやっていないように見えるのである。つまり、会社の将来が見えないのだ。

組織に慣れていない人の方が風土（集団規範）はよく分かるのだ。

気をつけなければならないのは、若い社員の退職が重なると、それは現場の指導が悪いからだという意見が横行する。上司は自信を失って、若手への対応が甘くなり、仕事への緊張感が緩くなってしまう。仕事とは、本来厳しいもののはずだが、若手社員を甘く扱うことにより、更に風土が悪化していくという負のスパイラルに陥るのである。

5.「真面目な」風土は
　一度しか助けてくれない

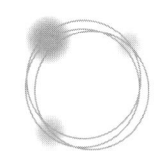

　真面目な風土が組織を救うことがある。そのために、そのような風土さえ作れば、経営がどうにかなると思っているトップが多い。しかし、それは現実としては難しい。

　そのような風土は、業績好調時には一度はプラスとして働くが、後退時には業績の回復、組織を支える作用が弱い傾向があるからだ。

　だから新しい事業を始める時や撤退する時に企業の風土の真の姿が分かってくる。

　そのような風土の職場は、新しい事業に対して社員は「やってみようと思う」派と、「何で自分がやらなければならないのか分らない」派に分かれるからだ。だから、日常から「やってみよう」と思う風土を作っておくことが大切なのだ。この「やってみよう」、「何で俺が」のどちらかを迷っている時に、そのどちらが多くのメンバーを引きつけるかで真の風土がわかる。

　だから、たとえ一見、真面目な風土でも「うちの会社は何をやってもダメだ」と考える人が多い時は、後ろ向きの風土が働いていると考えられる。

○真面目だけの風土は微調整しかできない

　「真面目」な風土は、微調整には向くが、大きな調整には向かない。「真面目な風土ですね」とは言われても、その時点では、上から言われるとおりにしているだけで、本心から真面目な状態ではないことが多いからである。

　そのため、真面目な風土と思われる組織に限って、普段無口な社員が一度口を開くと、堰を切ったように会社の悪口を言うことがある。

だから「真面目」なだけの風土は一度だけしか組織を助けてくれないと考えた方がよい。
　さらに、それが度重なってくると、その力はますます弱まってくる。そして、臨界点（耐えられない点）を超えると完全に後ろ向きの集団規範となってしまうことさえあるのだ。
　組織内の出来事は時間が解決することがある。この場合注意しなければならないのは、組織のスリーバランスの均衡が整っている時だけ解決できるのであって、一見、真面目と思われる風土に頼っていたのでは、それは期待できないのである。
　この時点で、この組織の未来は失われることになる。そうならないためには、真に前向きな行動を期待できる風土を作ることだ。
　先に示した伊田テクノス株式会社は、上場廃止時、組織を支えた要因の1つが、報徳思想に基づく風土であった。
　その風土はトップが中心となって長年の歳月をかけて醸成されたものである。

○三脚が安定していて、風土は役に立つ

　組織のスリーバランスセオリーが明らかにしているように、三脚（仕事、しくみ、人）が安定してこそ、風土の調整力が活きてくる。
　この三脚が安定していない時に、風土の調整力に期待することは難しい。
　下備後屋近藤家の長期間に渡る撤退が、さしたる混乱もなく進められたのは、三脚がそれぞれしっかりしており、とくに当時としては珍しくしくみが安定していたことがある。
　従って、三脚の足を少しずつ低くしながら微調整を風土がしたことにある。
　だからこそ、今日においても下備後屋近藤家が語り継がれているのである。

6. 真の風土作りをメンバーに意識させる

　好ましい風土（集団規範）を社内に浸透させるために行われるのが、社内研修やカードなどを作って可視化する方法である。

　関西のあるホテルで、マネジャーが1枚のカードを見せてくれた。そこには、自社のサービスに対する考え方が箇条書きで印刷されていた。これをいつも携帯しているのである。

　その時思い出したのは、少し前に米国のサービスレベルが高いホテルでマネジャーに見せてもらったものとあまりにも似ていることであった。

　しばらく経ってから、このホテルに行ってみると、すでにカードの話は誰の口からも出なくなっていた。あのカードはどうなったかと聞いてみると、「そういうのがありましたよね」という昔話のような答えであった。

◯カタチだけでは難しい

　多くの企業では、サービスを向上させようとなると、スローガン等のしくみづくりを行う。それは悪いことではないが、これで十分と思い込んではいけない。確かに、このような方法は分かりやすいし、手をつけやすいからであろうが、安易な感じがする。

　セミナーや書物で紹介されるのは、スローガンそのものである。どのような風土をどうつくるかということについては触れていない。風土は現場で醸成されるもので、口頭や文章で表しただけでは育たないのである。

　このようなカードには、「顧客第一主義」、「社会に貢献する」、「コミュニケーション第一」といった抽象的な言葉が出てくるが、「それでは、

どうやって顧客第一主義」をするのかと質問をすると、「何でもお客様のために……」といったやはり抽象的な言葉しか出てこないのである。

　著名な企業といわれるところを見ても、考え方だけを言葉にしている。それでは抽象的で役に立たないだろうと疑問に思えるものが多い。

　好ましい風土にするには、老舗の家訓のような、職場の中から醸成されたものが必要であると痛感している。

「お客様を大切にしよう」という言葉だけでは、好ましい風土は生まれない。そうして、すぐれた家訓は、何を目的として、それをどういう行動で実現するかをはっきり示すものなのである。

　そして、何よりも大きな異変のある時の方が、風土は理想に近い状況にあり、社員の中から支えなくてはという気持ちが打ち出されているものである。

　あえて言うのであれば、老舗と歴史の浅い組織の違いは、ここにあるのではないかと思う。

　それは、組織のメンバーが風土を意識して、今ここでその風土をベースとして組織の動き方を明らかにすることができる点にある。

第8章
壊れない組織から動く組織に成長させる

「老舗に学ぶ」

再生する組織を創る
〈山形県 米沢東匠猪俣〉

1. 組織論の一長一短をわきまえる
2. 集権と分権をくり返せる組織は強い
3. 組織を真剣に考えている人材によく聴く
4. ルールを作りっぱなしにしていないか

「老舗に学ぶ」
再生する組織を創る
〈山形県米沢 東匠猪俣〉

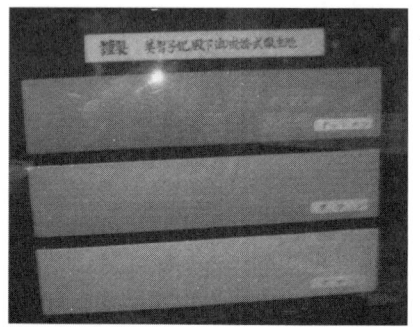

猪俣家の前庭にある天皇行幸の記念碑。

昭和34年現皇后美智子妃のご成婚式服の織物。

○ J.F. ケネディも学んだ

　第35代米国大統領ジョン・F・ケネディが影響を受けた日本人の一人は、上杉家十代藩主となった上杉鷹山である。上杉鷹山が産業振興させたものに米沢織がある。上杉鷹山が藩主となる以前の米沢糸は、それまで有名産地用の原材料としてのみ使われていた。そこで上杉鷹山は、織物を生産して、藩の財政を豊かにしようと考える。そのために、越後小千谷から職人を連れてくるということをしたり、更に、中下級藩士の女子を職工として活用することをしている。

　米沢織というと、和服というイメージを持つかもしれないが、現在高級洋服生地としても知名度が上がっている。数ある米沢織元の中で、高級テーラーが注目しているのが、株式会社東匠猪俣である。

　株式会社東匠猪俣の前身となる猪俣は、明治29年の創業であり、初代征次郎は、養子として猪俣家に入り、それまで家業であった織物業を企業化させるのである。

　その後順調に発展し、東日本のトップブランド「東匠」となる。そし

て2代目栄市、3代目新市、4代目知市郎と継承されていくのである。

○衰退・廃業しかし再スタートする

　戦後日本の織物業はガチャマン（機械がガチャンと動く度にお金が入ってくる）と言われる好況期を迎えることとなる。猪俣にとっては、昭和30年、40年前半がピークであった。

　この時期の猪俣の隆盛さを物語る出来事があった。それは、昭和34年に現皇后美智子妃のご成婚式服を謹製したことである。この服は、公の場面で着られたのでテレビでも放映された。翌年35年には、昭和天皇が猪俣に行幸されている。

　このような好況の背景には、米国が繊維については後進国に任せたことから、米国への輸出が拡大する時期であった。

　ところが、ニクソンショックを境目に猪俣の業績は急速に低下していくのである。ピーク時は輸出を中心とする洋服地で猪俣全体の売上の9割を占めていた。この9割の売上が急速に低下することになる。

　立て直しのため、400人から500人いた社員を40人にまで減らして頑張ったが、ついに平成10年2月猪俣株式会社は自主廃業へと踏み切らざるを得なくなった。猪俣はこれで終わりということになるのであるが、同年4月には別会社株式会社東匠として再スタートするのである。そして、翌年には伝統ある社名猪俣を加え、株式会社東匠猪俣として蘇った。

○上杉鷹山に学ぶ再建

　トップにこの当時のことを聞いてみたところ、「全く不安はなかった」と言い切る。それは、歴史とネームバリューがあり、殆どの取引先が変わらずに取引をしてくれるという確信を持っていたことにある。ムダ

を省き、必死になって働けば間違いなく業績はついてくるという自信があったというのだ。これは驚きである。

　更に、米沢人特有の気質というものが、この企業の社員に絡んでいる、これが風土のベースにある。それは、上杉鷹山に代表される質素倹約だ。上杉鷹山が藩主となった頃、米沢藩は日本で最も貧乏な藩であると言われていた。そこで、大倹約令をし、自ら収入を1/7にし、衣服は木綿着用だけの生活をしていた。食糧については、食べられるものは何でも取り入れた。今でも米沢市内では、よく見かける垣根のうこぎや山菜・雑草で食べられるものは食するという人達が多くいる。休日に米沢市内を歩いていると、山菜・雑草を取る人達を多く見かけるのはそう珍しいものではない。つまり、倒産寸前の米沢藩を救うために自給自足を奨励し、自分達の生活は自分達で守るとした風土が現存するのである。それだけではない。余ったものに付加価値をつけて売るようにさえしたのである。

○よく働く米沢人

　当社のメンバーは実によく働く。会社からの給料は少なくても、サンプルの作成などは自分の家に織機を置いて帰宅後に織って収入を補っている。

　このような旧猪俣が持っていた企業風土が危機を救ったのである。また、普段の節約により、ある程度の蓄えがあったということもある。これを長年にわたり取引をしているお客様は見ていたということだ。コンサルティング活動を通して、県・地域を見てくると、県民性・地域性があるということを強く感じる。とくに、老舗の人達と接すると江戸時代の藩制の頃の生活習慣が強く残っていることを強く感じる。

　米沢の人達は、今でも上杉鷹山公と公をつけて尊敬語で話す人が多い。これは今日においても、尚その影響力を残し米沢の人達の心のよりどこ

ろとなっているということではないだろうか。

○景気のせいにしない経営

　組織活動は、自助努力でやっていくものであり、景気に責任を転嫁することは許されない。日本各地の産地を回ってみると、過去の面影がない所が多い。残念なことだが、この産地の人達は、景気が悪い、ライバルが増えた、価格が安い、海外に仕事が行ってしまったとなげくだけなのだ。しかし、考えてみれば、このようなことは予測できたものではないだろうか。

　それでは、どうしたらよいかというところだが、東匠猪俣は目に見えないところで組織のスリーバランスを安定維持させている。表面的な売上だけを重要視しない。財務諸表の見えにくいところを重視して、次の計画に反映させているのである。

　この考え方は、上杉鷹山が行った身分に関係なく人材登用をしていることにもつながっている。

　確かに不況は社会全体の現象であるかもしれない。しかし、それを理由にしたところで何の解決策にもならないのである。

　多くの老舗は、過去に何回も倒産の危機に瀕してきている。今日まで生き残って老舗は、それを自助努力で切り抜けてきたのである。

　先が見えにくいところで何を重視するか、これが組織を存続させる生き残る切り口となるのだ。

1．組織論の一長一短をわきまえる

　どのような組織にも一長一短があることを考えて欲しい。いろいろな組織論ブームがあるが、これには気をつけて対処しなければならない。

　かつて、カンパニー制度により制度上のメリットがあった。すると、そのことを強調してカンパニー制ブームが起る。部門の責任を明確にしようと事業部制を徹底して行うこともブームとなった。

　たとえばカンパニー制にすれば、カンパニー長（社長）が必要となる。そのための人材がいるか、いなければ育成できるか、外から連れてくるかが問題になる。

　更に、しくみを動かすための時間と資金が必要となる。

　これは、表面的なことであるが、管理レベルの高い組織をつくろうとすると、動きが鈍くなるということもあるのだ。これは企業の動きを遅くするということになりかねない。

　新しい組織をつくる時にも、その組織の一長一短の両方を事前に検討しておくことを忘れてはならない。

○新しい組織の弱点を押さえておく

　メリットだけでなく、自社にとってそれを採用した時のデメリットがどう表れるかを考えねばならないのだ。多くの組織形態論の説明は、その弱点についてあまり触れていない。どのような組織であっても、万能であることはあり得ないのだ。スリーバランスセオリーは、その組織運用についての有力な評価基準なのである。

　新しい組織をつくり動かしていこうという時に、そのスリーバランスを押さえることだ。殆どの組織論は、あるべき姿だけを示し、その運用の仕方については示していない。だから、スリーバランスにより、何が

足りていて、何が足りないかを整理してみることである。そして、足りないものを新しい組織に期待されるレベルまで上げるのに、どれ位の期間が求められるかを考えることにより、新組織の発足をいつにするかを決定することができる。

これからの組織は、海外展開も含めて考えなければならない。しかし、国内での組織が海外では十分に機能しないことがある。それは、組織を取り囲む社会の規範が日本とは違うからだ。よく企業の現地化と言うが、現地に合わせるといっても簡単なことではない。

それは、いかにその地域に適応したものをつくるかというところにある。

組織は、戦うための陣型であるが、それには攻めと守りの両方に適している組織を作らなければならない。それは、組織のスリーバランスを保って攻めと守りのバランスをつくることである。

○短所を我慢して長所を活かす

新しい組織を運用する時は、短所を抑制し、長所に変えるなどとは考えない方がよい。長所を活かすことに徹することである。こうすることにより、新しい組織の良い面を表面に出して、当初の狙いを達成することである。

そして、しばらく経って組織の短所が目立つようになってきたら、その組織を変更したらよい。この割り切りを持ちたい。

世の中に、理想的な組織は無いと考えれば、そのことは理解できるのではないだろうか。

そのためには、組織の一長一短をわきまえて、現在の組織の次を考えておく余裕が、今の組織を活かすことになるのである。

２．集権と分権をくり返せる組織は強い

　トップがメンバーとの対話場面で「組織は集権化した方がよいか分散させた方がよいか」という質問を受けた。

　トップが答えた。「それは交互に変えることだ、その繰り返しができる組織こそ作っていかなければならないのだ」と返事をした。このトップは組織の本質を見抜いている。

　このトップがいる組織は設立後、間もないので、まだ強力なトップダウンで進めていかなければならない状況にあったし、それが成長の源泉でもあった。

　しかしやがて、このやり方では限界が来ることをこのトップは予想していたのである。そうかと言って、分権化が全てではない。やがてそれもどこかで限界が来ることを考えておかなければならないのだ。

　組織を運営する時には、組織が次にあるべき姿を描ける人材が求められる。それは、どんな組織でもかならず限界が来るからである。

　かつて一流企業と言われたところが倒産や買収されることを何回と見てきた。一方で、今日まで生き残っている企業は、環境変化に対応して組織をタイミングよく変えてきている。

○併行して伸びるのは難しい

　組織のスリーバランスで言えることは、３つの脚が同時併行で力強く伸びていくことが理想である。

　しかし、現実にはそれはあり得ないのだ。まず、どこか一箇所を伸ばし、それに合わせるように他の脚も伸びるように工夫するのが、バランスなのだ。

　よく生産効率を上げるには、どうしたらよいかと質問を受ける。理論

上は、需要と生産をバランスをとって高めていくことである。ところが実務家ならば誰でも知っているのは、生産現場が対応しなければならない問題は多くの場合、仕事量が山積みになることである。

しかし、ちょっと乱暴な話になるかもしれないが、生産の合理化は仕事量が豊富にあってこそ成り立つものなのである。

これと同じことが組織の運営にも言えることがある。3本柱のどれか1つを高めることによって、他の脚がそれに追いつくように伸びるようにすることが問題となるのである。これを解決して組織は成長していく。

だから、組織を変革していく時は、かならずどこかに一時的な無理を伴うことになる。スリーバランスはその問題を解決しないと実現できないということも、考えて置かなければならないのである。

図表19

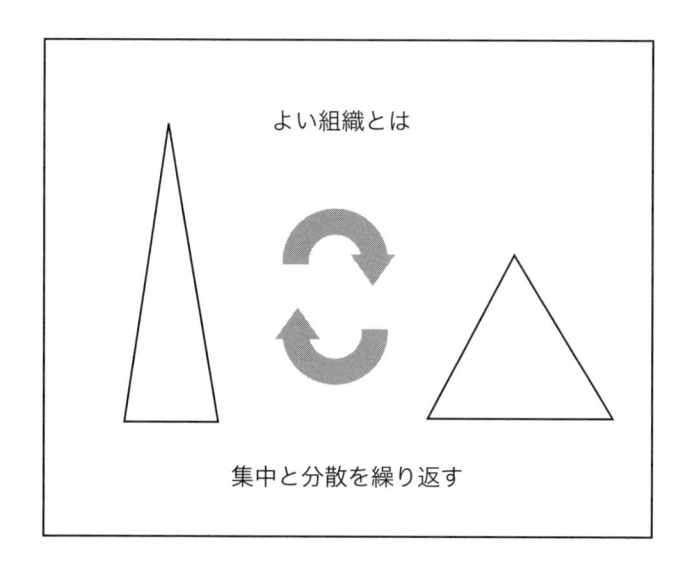

よい組織とは

集中と分散を繰り返す

3．組織を真剣に考えている人材によく聴く

　外部の団体に頼んで社内組織の調査をすると、答えとして出てくるものに、「コミュニケーションが悪い」というものが多い。これをそのまま受け取ると、会議や書類が増えてしまうということになりやすいので注意したいものだ。

　いったい、コミュニケーションが悪いというのは何を基準にして判断したのだろうか。調査した団体に聞いてみると、サーベイのデータの平均値に対して、その企業がどうであったとか、コミュニケーションのよい会社でやっていることをやっていなかったと理由をいう。

　企業経営では差別化をしろという。差別とは、他社と違うことをすることではないだろうか。

　それにもかかわらず、平均値やある企業の実態に合っていないことで判断してよいのだろうか！

　伸び盛りの会社の社員に聞いてみると、「うちの会社は変わった会社だよ」というものが多い。まず会議や書類が本当に必要なのかということから考えてもらいたいものである。

○誰が一緒に動いてくれるか

　35歳で中堅企業の経営を受け継いだ社長から「これから社長として何をしたらよいか」という質問を受けた。「とにかく人の意見をよく聴くことだ」とアドバイスをした。それはどうしてかという質問を受けたので、「社員の意見の中には、これはと思うものもあるでしょう。しかし、よく聴いていれば、誰が本気で組織のことを考えているかが分かってくるものですよ」と話した。

　組織運営の中で見極めなければならないのは、誰を各部門のキーマン

にするかということだ。組織を動かすには、組織のことを本気で考えている人材を見極めること。そして、組織のことを本気で考えられる人材を増やすことの２つに尽きるのである。

　具体的には組織活動の活性化の方法を考えくれる人材の数を増やすことである。

　組織の構造（スリーバランス）を変えていくために何をするかで分かっているのは、まず組織で働いている本気な社員から意見を聴くことだ。

　さらに、風土を動かしたり、変えていくのはこのような人達の影響力が必要になる。だから誰を選ぶかはよく考えなければならない。組織を変えてくれることを期待する人材と話す時は、身をのり出してよく聴くことだ。話すことよりも聴くことが大切なのである。

○聴いていると分かる本気度

　根気よく聴いている内に、組織の方向付けができてくるものである。それを単に現在の組織の問題点だけを挙げている人であれば、組織を共に動かしていこうとすることは断念した方がよい。

　一見、組織を動かしていける人材と言葉だけで評価している人材は、同じように見える時がある。この二者を見極めるには、聴く手段を更に徹底的に行うことが効果的なのである。

　コンサルティング活動で最も苦労するのは、組織図を書いたり、三脚の改善項目を考えたりすることではない。

　誰を軸にして動かしていったらよいのかの見極めをすることなのである。

　これを十分に見分けられるのであれば、組織改革は成功したとみてもよいのである。

4．ルールを作りっぱなしにしていないか

　しくみとしてのルールは作るのは簡単だが、廃止することは難しい。
　経営的に見るならば、新しい仕事を始める時には多くの人が賞賛し期待するが、辞める時には反対するか、無関心を装うことが殆どである。
　人材育成をして仕事の進め方を変えていくには時間がかかる。それならば、しくみ（ルール）を作って、その通りに動かせばよいのではないかと思ってしまう。そのような時のルールづくりは、安易に進めてつい手を抜いてしまう傾向がある。組織のメンバーはそれをすぐに感じ取る。

○ルールは作っただけでは動かない

　ルールを作ったからといって、それで問題が解決するという保証はない。当然、そのルールを動かすためには人とそのパワーがいる。そう簡単にいくものではないことを担い手となる組織メンバーは知っているのだ。
　そもそもしくみを作るだけで組織を動かそうとするのは難しい。人は勝手に動くものであり、しくみを意識させても、難しい面がある。だからルール違反があるのだ。
　一時、ブラック企業が問題になった。きびしい環境の中で、企業が、収益を上げていく時にはグレー部分が発生しやすい。
　ところが、このグレー部分が過ぎてブラックに近くなると、ルールにより規制を厳しくしようとすることになる。
　しくみとしてルールを厳しくして、締めつけをしても、それだけではうまくいきそうもないと考えて組織メンバーはやる気にならない。
　このようにルールをつくっても、成功の裏付けのないものに、組織メンバーは反応しない。そうかといって、これは絶対に成功するという方

策はあり得ない。

　そのような時、メンバーの行動中に微妙な差を生み出すのが、好ましい風土作りなのである。「先が見えなくても取り敢えずやってみよう」とする組織メンバーがいるかということだ。「よしやろう」となった時に、屁理屈を言い出す組織メンバーが、時々現れるが、これは無視しなければならない。

　ある経営学者は、最終的にはトップの勘で意思決定しなければならないと言っている。それは何事でもやってみなければ分からないからだ。だからルールは作りっぱなしにせず、それを活用して「何よりもまずやってみる」ことである。何もやらないところに成功はあり得ない。

○ルールの改廃は定期的に行う

　長いこと組織活動をしていると、溜まってくるのがルールである。これは、トップの一声で作っていることが多く、そのためにそのトップがいなくなるまでルールを改善、廃止しにくい。それが重なってくると、やがて修正、廃止も怠るようになり、ルールが溜って増えてしまい、やがて機能しなくなってしまうのである。

　従って、ルールは定期的に見直していくようにすべきである。一年の中で特定の日をスケジュールとして決めておくことである。

　そして、ルールの修正、廃止をする時にスリーバランスに沿って、今日の環境に対応しているかを考えて組織を点検してみることなのである。

第9章
諦めない組織が
壊れても更生する組織

「老舗に学ぶ」

過去を愁いず生き残る
琉球王家の料理人・琉球御菓子元祖
〈沖縄本家 新垣菓子店〉

1. 前向きな姿勢が安心感を与える
2. 成熟・衰退市場で存続する
3. おおらかさが組織を支える
4. 比較だけからは生まれない
　　組織の存続力

「老舗に学ぶ」
過去を愁いず生き残る
琉球王家の料理人・琉球御菓子元祖
〈本家 新垣菓子店〉

首里城近くの本家新垣菓子店

王家から使用を認められた、ひだりごもん（ひじゃいぐむん）

○琉球王家の料理人から

　沖縄には老舗が少ない。その背景には、1879年の琉球処分で琉球王家から沖縄県となったことから、琉球王家をよりどころにしていた老舗が存続できなくなったことがある。

　更に太平洋戦争では、沖縄全土が戦場となり、企業活動が全くできなくなってしまったということが挙げられる。この2つの出来事を乗り越えてきた老舗がある。琉球御菓子元祖本家新垣菓子店である。

　新垣菓子店の創業者となる新垣淑規は、琉球王家最後の料理人（琉球王家では「包丁役」と言われていた）である。

　琉球王家での包丁役の役割は大切であった。それは、冊封使（琉球王が変わる時に中国からの使者（500人と言われる）が半年以上に渡って滞在した時の接待料理を作る役割を担っていたからである。

○王から新垣姓をもらう

　初代は包丁人になると、国王から新垣という姓をもらい、以後新垣姓を名乗ることになるのである。

　初代は、天保10年（1839年）薩摩に琉球王家の王子に同行していくことにより、和食について勉強することとなる。更に、安政元年（1854年）には江戸に赴く王子に随行し、料理、菓子について研鑽を積むこととなる。このことが、中国料理と和食を取り入れた琉球料理を完成させるのである。

　今日では、一般的になってきた金楚餻（ちんすこう）は、このような過程から生まれてきたものなのだ。

○戦争を乗り越えて

　本家新垣菓子店は、琉球王家の庖丁役をしていたことから、首里城近くに店舗があった。このことから、太平洋戦争後期には、新垣家が通信隊の宿泊所に徴用されたのである。そして、戦後昭和21年（1946年）まで戻すことができなかった。

　このため、新垣菓子店は戦後直ぐには再開されなかった。それどころではなかった5代目は、出稼ぎ職人として働いていたのである。その後、昭和23年（1948年）にやっと再開することとなる。

　材料、機械共に不足している中でのスタートである。それでも、芋で鯛を作ったものを結婚式などのお祝いに出し、大変喜ばれることもあった。

　そんな中で工夫を加えていった一つが金楚餻（ちんすこう）である。本来の金楚餻は丸い大きなものであった。また、一般的に観光客が口にする金楚餻は、その周りがギザギザになっている。しかし、新垣菓子店のものは、細長い形状にしている。これは、食べやすく工夫したためである。

自分達の生活は自分達で守るとした習慣が現存するのである。それだけではない。余ったものに付加価値をつけて売るようにさえしたのである。

◯割り切って拡大しない

　新垣菓子店のように、歴史・知名度があれば、人を入れて沢山作ればもっと業容が拡大するのではないかと思われるが、そうはしていない。
　例えば、インターネットの通販サイトの業者などからは、出店するための誘いはある。ところが、これを頑として受け付けない。それは、本来の琉球王家の味を残したいということからである。
　実は、新垣菓子店の金楚餻(ちんすこう)を観光客が口にすることはまず出来ないと言ってよい。それは、沖縄の玄関口那覇空港、土産物店には出していないからである。というと不思議に思うかもしれないが、観光客の大量なニーズに合う程の数が生産できないというのが現実である。
　新垣菓子店では、商品の全てが手作りである。事実、新垣菓子店の商品は、その日の内に売り切る。だから、どうしても欲しいお客様は予約をして来るという。
　その最たるものが、闘鶏餃(たわちいちゃう)である。これは、一ヶ月1日だけ60個程度作るのである。従って、出来ると同時に売り切れてしまう。予約をするか、余程運の良い人以外は食べることができない。そのために、「まぼろしの琉球菓子」と言われてる。

◯地元の人が支える

　沖縄の主力産業は観光産業である。だから、観光客相手の商売をすれば、業績が上がることは目に見えていることである。また、インターネット取引をすれば、売上の拡大につながることも否定できないことであろう。

しかし、これまでに著者が、多くの老舗を見てみて感じるのは、老舗を支えるのは、地元の人であるという事実である。どんなに一見客を拡大したところで、地元の人にそっぽを向かれた老舗はやがて衰退していくという事実である。

○新垣家に残るもの

新垣家が大切にしているものがある。1つは、左三つ巴と言われる琉球王家の紋章である。琉球王家では、この紋章は親族であろうと使うことができなかった。これを王家（尚家）から直接賜ったのが本家新垣菓子店である。

もう1つは、新垣菓子店の裏庭にあるコンクリートの石であり、現在、庭の景観石として使われているものである。このコンクリートは、戦前に裏庭で飼っていた豚を育てるための囲いである。かつて琉球では、豚を家庭で飼うということがごく普通に行われていた。戦災で全てが焼けてしまったために、残されているのは今やこれだけであると言う。琉球人としての心・料理人としての心意気を大切にしたいという考えがそこにあるようだ。

○割り切っても諦めず

新垣家は、琉球王家が無くなり、更に太平洋戦争では商売そのものを中断せざるを得なかった。それでも生き残り、次の世代に引き継ごうとしている。

その根底にあるのが割り切りのよさだ。

物事には、自己の努力により何とかなるものと、そうでないものがある。自己の努力でも何ともしがたいものについては割り切り、そして別の道を探すということが求められてきた。

また、沖縄県以外の人を対象にいないというのではなく、近隣の人達を大切にするという集中化の考え方は、なかなか出来るものではない。
　それをさせている背景には、琉球王家最後の料理人としての自負が脈々と受け継がれていることを強く感じるのである。
　世の中に、理想的な組織は無いと考えるのであれば、そのことは理解できるのではないだろうか。
　そのためには、やはり組織の一長一短をわきまえて、現在の組織の次を考えておく余裕が今の組織を活かすことになるのである。

1．前向きな姿勢が安心感を与える

　老舗にも、波瀾万丈のストーリーがある。少なくとも100年続いているということは、関東大震災と太平洋戦争は経ているということだ。
　小寺商店は、関東大震災の復興に一役買っている。
　本家新垣菓子店は、太平洋戦争で戦場となり、全てを失った。
　八木澤商店は、東北大震災で会社を流されている。
　東匠猪俣は、会社そのものが存続できなかったという経緯がある。
　これが老舗の現実なのである。

○「いつか」の前向き

　そのような中で、いつか店舗を持ってみせる、いつか組織を再興するという意思を持ち続けることができたところに老舗の強さがある。それは、存続することを前提として考えている前向きな姿勢である。
　秋田で100年以上続いている老舗料亭がある。
　太平洋戦争の後期、空襲で延焼を未然に防ぐため、自らの手で老舗店舗を壊すのは、終戦（8月15日）の直前のことである。終戦後間もなく、店舗を壊さなければよかったと思ったこともあったということだ。ただ、それ以上に生きていることへの喜びを感じていた。屋台から始めて、みごとに戦前以上の店舗を創ることを成し遂げている。
　やがて秋田は高度成長の波に乗り、日本を代表する官官接待の場として、全国から注目を浴びるようになる。これに便乗して、多くの料理店が開店することとなる。この料理店は、急増する需要を当て込んだ開店であった。ところが、そのような接待需要がいつまでも続くわけはなく、バブル需要を当て込んだ店は消えていくこととなる。一方で、この老舗料亭は、今日においても堅実に生き残っている。その背景には、自ら店

舗を壊したり、屋台をしていた時に比べれば、バブルの崩壊などは小さな出来事だと思えたということだ。

　組織を持ちこたえ、元に戻す強さは、老舗が持っている前向きな風土の中にある。それは、何とかなるというレベルのものではなく、復興像とそうなるための具体策に手が打たれているところにある。

○諦めない老舗

　言葉は悪いが、老舗には往生際の悪さがある。とにかく諦めないのである。その諦めないスパンの長さが、一般的な歴史の短い組織とは違う。一般の組織では、余程長い目で先を見ても、10年位であるのに対して、老舗はその3倍の30年程度先を見ている。

　景気変動の波の定義に30年周期説がある。また、企業30年説もある。どうやら、30年程度のものが分岐点になることを理屈ではなく老舗の人達は知っているようだ。30年スパンの根拠は、代替わりにある。次の世代（子）に組織を託すために、今何をすべきか。代替わり後の組織を考えているのである。

　現代組織の中で30年先のことを考えている組織は、極めて少ない。トップから「いつ辞めようか……」「どこか買ってくれるところはないか……」という質問をよく受ける。この質問は老舗からも受けるが、極めて少ない。これは組織を辞められないのではない。受け継ぎ、次へのバトンタッチをすることが、老舗メンバーの役割と捉えているのだ。

　この30年スパンで見ることが、その環境にない外の人から見ると往生際の悪さと見えてしまうようだ。

　トップリーダーが30年周期で組織を見ることをメンバーが知っていることは、組織全体に安心感を与える。安心感というと、組織の業績が安定、向上していることをイメージしがちであるが、それ以上に大切なことは、組織のスリーバランスを保つ考え方が安定していることである。

成長、拡大の機会があるならば、それを追い求めていくのが、組織の姿であろう。
　一方で、老舗が急成長分野に属していることは極めて少ない。つまり、成熟を越えた衰退分野であることが多いということだ。
　そのような成熟や衰退分野であっても、魅力を感じて入ってくる組織がある。そして多くの組織が衰退していく。それは老舗が存続しているのを見て、成熟・衰退市場を安定分野と勘違いして参入してくるのである。ところが、現実には思いどうりにならないのである

2．成熟・衰退市場で存続する

○意志を引き継ぐ

　現在の組織の延長で存続が難しいと判断される場合は、下備後屋近藤家のように、自ら撤退の道を選択するということである。そうすることによって、結果として生き残っていける可能性はある。

　老舗の存続力の中の一つに、のれん分け制度がある。今日においても行われているところがある。

　老舗の中にはのれん分けをすることにより、本家の意志を受け継ぎ、本家を支え、そして本家が万が一なくなってものれんを守って生き残り、意志を受け継ぐということが行われている。そういう意味では、株式会社制度により、組織運営や雇用関係が変化することにより、老舗が残っていけるかということに危惧を感じるところがある。

　そこで考えなくてはならないのは、自分の組織が生き残れる領域をつくることであろう。

　本家新垣菓子店は、観光客を相手にするよりも、地元の顧客を大切にしているところに存在領域を見つけている。失礼な話であるが、観光客だけを相手にする土産物店で、沖縄菓子の味が分かって購入している人がどれ程いるであろう。極めて少ないのは、誰もが想像できるところであろう。

○マーケティングのセオリーだけでは難しい

　一般的な土産物店では、パッケージや見せ方の巧みさや、店舗の接客技術によって購入している比率が高い。もちろん、パッケージや販売技術が不要であるということではない。ただ、パッケージや販売技術には

もろさがあり、あくまでも商品そのものに価値があって成り立つものなのである。とくに成熟、衰退市場では、商品の差別化が出来ないと購買頻度が落ちてしまう。

そこで、組織の内部を固めて、スリーバランスを保つことをしていれば、商品が時流に乗れなかったとしても存続していくことはできる。

○身内にはより厳しく

一般に、老舗の組織メンバーは同族者が多い。しかし、長く続くところと、そうでないところでは同族メンバーのあり方に違いがある。

長く続く組織では、同族者がスリーバランスを厳しく保っている。同族であっても、能力は高いものを求めるし、仕事そのものに対する姿勢も厳しい。

またルールについても、同族であるが故に、一般社員メンバーよりも厳しくしているというところがある。これは、伝統芸能の伝承などで自分の身内に厳しく処しているのと共通するところがある。最もつらく厳しい立場に同族者をおいている。これにより、スリーバランスが保たれているのである。

○変えてよいもの悪いもの

老舗の人達が惑うものに、何を変えるか、何を変えないかというものがある。目まぐるしく変化する社会の中では、全てを変えていかないと生き残れない組織がある。そういった意味で、老舗において変えていけないものがあることは、恵まれているといえる。身内に厳しくということは、多くの老舗で行われ、少しやり過ぎかと思うことがあるが、それでも続けている。

変えなくてよいものの１つに人がある。老舗において１つの仕事を長

く務める過程で、人は自然と淘汰される。老舗のレベルを維持するため、身内へは厳しくなるということである。

○○さん、いなくなったんだ〜

ある老舗のオーナーが、「永年勤めてくれたベテラン社員が辞めた後で、お客様から言われる言葉がある。これは寂しくもあり、ありがたいことでもある。」と言うのである。それは、「○○さん、いなくなったんだ〜。」という言葉だそうだ。

このお客様の言葉には、2つの意味がある。

1つは、永年対応してくれた人と会えなくなった寂しさそのものであり、もう1つは、引き際をわきまえているということの賞賛の意味を持つのである。

老舗には、定年制度はあるが、本質的には無いところが多い。辞める・続けるという判断は、お客様との関係を踏まえて本人が悟ることにより相対的に決まっていくことが、今日でも行われているところが多いのだ。

3．おおらかさが組織を支える

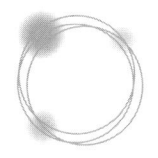

　本家新垣菓子店に限ったことではないが、老舗の人はおおらかな人が多い。言葉を変えるのであれば、心のどこかに余裕を持っているということだ。これは風土よりも仕事に起因しており、仕事に遊びがあるということである。仕事で遊んでいるという意味ではない。

○限りなく儲けるの限界

　作業を分類する時に、主体的作業と余裕的作業に分ける。主体的作業は、付加価値を高める作業そのものと考えてよい。つまり、売上に直結する作業なのである。こう見ると、主体的作業を増やせば業績は向上するのではないかと考えられる。

　ところが、限りなく主体的作業だけを増やしていくと、やがて作業効率が落ちてしまう。そこで、続けて作業を行うのではなく、休憩時間を取るのである。この時間を疲労余裕という。休憩を取ることにより作業効率が高まるというものである。

　また、トイレに行くことを用足し余裕という。適切な時間でそうすることにより、安心して作業をすることができるのだ。更に、仕事を円滑に進めるためにミーティング・会議を行う。これは管理余裕である。会議で意思疎通をすることにより、作業がスムーズに進むことになるのである。

　ここで問題になるのは、休憩のし過ぎ、会議のし過ぎというものであり、これが適切な範囲にある時に、組織は円滑に動くことになる。

○絶妙な余裕をつくる

　この余裕の設定を、老舗の組織は実に絶妙に調整している。それは、一見同じに見える仕事を長年に渡り回している内に、適切な余裕が身についていることにある。

　これは、一見欲がないように思われるが、そうではない。新垣菓子店の人達が、手作りでできる範囲で菓子を作り、販売をしていくことは、この絶妙な余裕の考え方が基本にある。

　この余裕は、組織としての存続領域を明確にすると生まれてくる。言葉を変えるのであれば、分相応ということになる。私は、仕事の関係で大都市と地方を行き来している。また大企業と中小企業を見ている。すると、どちらの社員が幸せであるかとつくづく思うことが多い。地方都市であるならば、給料は高くなくても、それなりに仕事をしていれば、住宅を持つことはそれ程難しいことではない。一方、大都市では余程の収入がない限り、住宅を持つことは難しい。

　これと同じように大企業では、収入は多くても中小企業に比べると余裕が少ないということを感じる。この生き方の違いを老舗の人達は、自覚している人が多い。これが分相応の生き方になっているのではないだろうか。

○分相応の経営

　組織の働きを見ていると、この分相応の対応が出来ないために、存続が難しくなっているということがある。

　それがために、スリーバランスを崩してしまうということが起きている。スリーバランスは多少ズレていても、それで組織が壊れることはない。ズレがあっても、風土で調整できる。その調整巾を残すためには、余裕が組織には必要なのである。

固く引き締め、動きの取れない組織は脆いものである。仕事の評価についても、厳密に行うことは大切だが、そのことには限界があることを知っておくべきだ。
　信賞必罰と情状酌量巾は、一見相反するものである。組織を巧みに動かしているリーダーは、この厳密な信賞必罰と情状酌量のバランスを絶妙に保っている。それでも、長く続いている老舗の人達は、たとえ上手くいかなくても、情状酌量で何とかなるということを期待していない。信賞必罰を受け入れているのである。これが、組織の存続力となっているのである。

4. 比較だけからは生まれない
   組織の存続力

　老舗の組織運用で参考になるのは、他の組織と比較して一喜一憂しないということである。

　スリーバランスを活用する時、しくみの面で他社が優れていることが明らかになった場合でも「それはそれ」として老舗は受け入れている。それは、長い歴史の中からスリーバランスのしくみを動かすには、人と仕事のバランスを取ることを知っているためであり、それが出来ない状況にあるならば、無理をしてしくみを取り入れないということだ。

　とくに、先端技術しくみとなると、その技術は将来も自社にとって貢献するものであるかどうかを厳しく見極めている。

○差別化の本音は

　競争戦略というマーケティングの考え方が重要視されている。その考え方の背景にあるものは、他社との差別化をするというものである。そのために、他社を研究して少しでも上へという考え方を基本にしている。

　ところが、この競争戦略の考え方を導入する時に、差別化を追い求め過ぎると、物事の見方が狭くなってしまい、広い意味での差別化が出来なくなってしまうということがある。

　コンサルティングの関係でメーカーの機械などを見ていると、そこまで細かく差別化しなくてもよいのではないかと思うものがある。あまりにも細分化してしまっているために。営業担当者が説明できない現象さえ起きているのである。

　顧客側も、そこまで細分化されたものを求めていないはずなのに、メーカーから「今後は必ずこうなります」という販売促進活動を展開している。これが本来の市場創造であろうか。

○差別化の本質

　老舗では一見してある特定の範囲の商品を扱っているため、市場創造がなされていないのではないかと思われがちであるが、決してそのようなことはない。顧客側から使用する場面を想定した商品の開発が行われている。

　沖縄菓子といえば金楚餻(ちんすこう)だが、この菓子の回りにはギザギザが付いているのが一般的である。ところが、そのために食べにくいということがある。本家新垣菓子店では、初代から今日まで続く金楚餻でさえ、食べやすくするために回りのギザギザを取り、細長い形状に変えることにした。伝統的な菓子の形を思い切って変えたのである。老舗はこんな工夫をしているが、その老舗をよく知らない人達にとっては、極めて限られた範囲での商品開発に見えるのである。

　スリーバランスセオリーでは、仕事・人・しくみのバランスを調整している。ところが、それが限られた領域の中のものになってしまっている老舗があることも否定できない。それが、組織としての限界となってしまう。広く視野を広げる工夫をすることである。

　この視野を広げることは、書籍やセミナーなどでは難しい。自ら足を運んで、見て聞いて広げていくことに尽きる。

○まわりが組織をつくる

　老舗の何代目であるといってみても、結局は自分の生きてきた範囲内のことでしか物事が分からない。

　新垣菓子店についても、現トップは戦争の体験がない。しかし、そこでは、祖父母やまわりの人からそれらの体験を聞くということが、何気なく行われている。そして、その人達は伝える時に、現在組織を動かしている人達が知らないであろう前のことを併せて伝えている。つまり、

簡単に100年企業というが、100年の流れの中で様々な生き方、ノウハウを相当詳しく伝えるということをごく自然に行っている。

○続けることが伝えること

　東京銀座の主だった老舗のある場所は、関東大震災当時とそう大きく変わっていない。だから、そこにはその老舗について伝えるべきことを様々な方向から伝える人達がまわりにいるということだ。その中には、お客様からの伝承ということもある。これが何代にも渡り、お客様とのお付き合いになる。

　分相応の生き方という時に何が必要かというと、それは比較をしないということではないだろうか。比較をしないとは、他人を無視しろということではない。比較をすることは大切だが、それを評価し、次の行動に移す時に自分の組織の価値観に合わせて可能であるかを判断するということである。この時に、社会一般の価値観に影響されても、それに従い過ぎないことである。

　そうしないと、その組織の価値観、風土はもろいものとなってしまうのを老舗のリーダー達は知っている。幸せとは比較の中から生まれないということを老舗のトップ、社員は知っているのである。

○比較に終わりはない

　一方で、世の中は競争戦略により、比較の中で勝ち抜くことが最良とされている。組織運営は、終わりのないものである。今勝ったところで、次勝てる保証はどこにもない。

　老舗やしっかりした組織は、どこに行っても社員の勤続年数が長い。その基本にあるのが、そこにいる人の幸せであるということだ。それでは、老舗は給料が高いかというと、決してそうではない。それは、幸せ

を金銭という尺度だけで比較していないということである。
　自分の生き方を他者と比較しないことは鈍感に思えるかもしれない。しかし、決して鈍感ではない。それは、自分達の尺度で見ている。実は、それが幸せであるということが語り継がれている。それは、この何が幸せなのかを言える組織が強いということを知っているためである。

おわりに

　東日本大震災の被害を受けた企業が再建に手をつけた頃は、その風土の混乱に驚いたものであった。かつてルールに沿い、従順に働いていた三陸の人達がルールに従おうとしないのだ。しかし、その人たちの気持ちはよく分かるから、何も言えなかった。そんな中で、地元企業が立て直しを始めた時に協力してくれた人達が現れた。その企業はこの人達には大いに助けられたのである。

　その中の一人にこんな人がいた。この人は、夫人が津波にさらわれたという。震災前、退職したら楽しく暮らそうと夫人と二人で笑って話していたそうだ。しかしその夫婦二人の楽しい生活は、津波にあったその日から予想もしなかったさびしい独り暮らしに変わったのである。

　被災後は様々な援助品が全国から集まって送られて来て世帯毎に分けられた。この人のところにも多くのものが支給された。ところがこの人は、「自分は一人なので、こんなにいりません」とかなりの辞退をしたのである。謙虚な人なのだ。

　彼の属していた組織でも、多くの人が震災の影響を受けており、誰も自分のことで精一杯で、組織のことを考える余裕はなかった。取りあえず昔の組織を再建しようと働きかけたのであるが、メンバーの反応は今一つであった。この時に、この人は応じてくれた。

　独り暮らしになった人だけが黙々と再建作業をやっているのだ。これを見た他のメンバーは、やがて家族と暮らしている自分達がこれでよいかということになり、数人が参加して再建は急速に進むこととなったのである。好ましい風土は被災地に生きているのだ。

震災により、風土が大きく乱れてしまった組織の中で、先の見えない再建の作業を始めたこの人の行動は、回りの人には不思議に感じたのかもしれない。このような、いざという混乱時に、人間の本心は分かるものである。更に、いざという混乱時こそ、その組織の風土の善し悪しが分かるものなのだ。

　見極めなくてはならないのは、組織メンバー個人の価値観である。この価値観は、ショッキングな環境では、変わってしまうことがある。この変化が、地域の風土を変えてしまうことさえあるのだ。

　老舗の強さは、スリーバランスセオリーを巧みに活用しながら組織を存続させてきたところにある。

　著者がスリーバランスの考え方を整理するにあたって参考にしてきた老舗の生き様は数多くある。

　組織は変革をしても、それが思ったように動くには、更にかなりの努力を要すると思っていた方が良い。組織改革は、何らかの意図があり行われたはずだ。

　ただ、その時、組織における「3脚の原理」をバランスさせることを忘れないで欲しい。そうして、その微妙な調整をあきらめないで行うことである。スリーバランスセオリーを活用して成功して欲しいのである。

　　　　　　　　　　　　　　　　　　2015年5月　2人の著者
　　　　　　　　　　　　　　　　　　　　　　岡部　博
　　　　　　　　　　　　　　　　　　　　　　平松 陽一

著者略歴

○ 岡部 博 （おかべ ひろし）

慶應義塾大学経済学部卒業。上場企業でマーケティング課長・教育課長などを経て、産業能率大学経営開発研究本部主幹研究員・研究指導センター長として実践的な企業コンサルティングで活躍。現在、個人で研究室《MGT－Lab.－Oh'》主宰。

【主要著書】
『企業内研修戦略』『職場内教育の進め方』『改訂版 戦略行動型リーダーシップ』ほか（以上産業能率大学出版部）『面接なんかこわくない』（光文社カッパブックス）
『できる営業マンが必ず読む本』（三笠書房・生き方文庫）ほか。
一部に海外訳語版がある。

○ 平松陽一 （ひらまつ よういち）

玉川大学工学部経営工学科卒業、組織コンサルティング活動を経て１９８３年ＩＭコンサルタント代表となる。３０冊以上の著書・数多くの講演実績がある。30年以上に渡って、人材育成を主に同行営業をするなど地に足を付けたコンサルティングを一筋に行う。講演内容も理論ではなく、実際に使える知識を講演するためすぐに役に立つという評判が高い。

【主要著書】
『新規開拓営業が企業を救う』『一生懸命売ろうとするから売れない・売れないときの売れる営業・「でっかい仕事」をやってみないか』（以上産業能率大学出版部）
『同行営業７日間トレーニング』（同文館出版）『営業部長のつくり方』（ＫＫロングセラー）『これから面白いほど営業マンが育つ』（すばる舎）『教育研修の効果測定と評価のしかた』（日興企画）等、多数ある。
http://www.imconsultant.co.jp/

100年続く老舗に学ぶ
生き延びる企業の組織存続力　〈検印廃止〉

著　者	岡部 博／平松陽一
発行者	飯島聡也
発行所	産業能率大学出版部
	東京都世田谷区等々力 6-39-15　〒158-8630
	（電話）03（6432）2536
	（FAX）03（6432）2537
	（振替口座）00100-2-112912

2015年６月３０日　初版１刷発行

印刷所・製本所／日経印刷

（落丁・乱丁はお取り替えいたします）　　ISBN 978-4-382-05724-1
無断転載禁止